# 2022年度十大行政检察典型案例

最高人民检察院行政检察厅
中国法学会行政法学研究会 / 编

2022NIANDU
SHIDA XINGZHENG JIANCHA
DIANXING ANLI

中国检察出版社

图书在版编目（CIP）数据

2022年度十大行政检察典型案例／最高人民检察院行政检察厅，中国法学会行政法学研究会编．—北京：中国检察出版社，2023.7（2023.9重印）

ISBN 978-7-5102-2903-9

Ⅰ.①2… Ⅱ.①最… ②中… Ⅲ.①行政诉讼-检察-案例-中国 Ⅳ.①D925.305

中国国家版本馆CIP数据核字（2023）第111803号

## 2022年度十大行政检察典型案例

最高人民检察院行政检察厅　中国法学会行政法学研究会　编

责任编辑：柴凯菲
技术编辑：王英英
美术编辑：曹　晓

| | |
|---|---|
| 出版发行： | 中国检察出版社 |
| 社　　址： | 北京市石景山区香山南路109号（100144） |
| 网　　址： | 中国检察出版社（www.zgjccbs.com） |
| 编辑电话： | （010）86423768 |
| 发行电话： | （010）86423726　86423727　86423728 |
| | （010）86423730　86423732 |
| 经　　销： | 新华书店 |
| 印　　刷： | 望都天宇星书刊印刷有限公司 |
| 开　　本： | 710mm×960mm　16开 |
| 印　　张： | 13.25　插页16 |
| 字　　数： | 226千字 |
| 版　　次： | 2023年7月第一版　2023年9月第二次印刷 |
| 书　　号： | ISBN 978-7-5102-2903-9 |
| 定　　价： | 49.00元 |

检察版图书，版权所有，侵权必究
如遇图书印装质量问题本社负责调换

# 编　委　会

顾　　问：宫　鸣　马怀德　黄宝印
主　　编：张相军　王敬波
副 主 编：张步洪　张立新　郑雅方
编　　委：田　力　齐占洲　罗　箭　韩成军
　　　　　朱荣力　杨冬梅　冯孝科　孙　玲
　　　　　高　旭
编写人员：刘　浩　崔　晔　高鹏志　马　睿
　　　　　聂　影　周鹏超　阿合波塔·肯杰别克
摄　　影：张玉君

# 2022年度十大行政检察典型案例发布会

◎ 2022年度十大行政检察典型案例发布会现场

◎ 出席"2022年度十大行政检察典型案例"发布会的有关领导

◎最高人民检察院检察委员会副部级专职委员宫鸣致辞

◎中国政法大学校长、教授,中国法学会行政法学研究会会长马怀德致辞

◎对外经济贸易大学党委书记黄宝印致辞

◎对外经济贸易大学党委常委、副校长、教授，中国法学会行政法学研究会秘书长王敬波现场主持

◎最高人民检察院第七检察厅（行政检察厅）厅长张相军公布入选案例

◎ 中国法学会行政法学研究会副会长、中国人民大学法学院教授、《法学家》副主编杨建顺作点评

◎ 北京大学法学院教授、《中外法学》主编、北京大学法治与发展研究院执行院长王锡锌作点评

◎ 中国政法大学比较法学研究院院长、教授，《比较法研究》主编解志勇作点评

◎北京市第一中级人民法院副院长程琥作点评

◎北京金融法院副院长薛峰作点评

◎中国社会科学院法学研究所研究员、法治国情调研室主任吕艳滨作点评

◎ 华东政法大学教授、博士生导师章志远作点评

◎ 中国政法大学法治政府研究院教授、博士生导师,人事处副处长(主持工作)罗智敏作点评

◎ 中国政法大学法学院教授、博士生导师,国家监察与反腐败研究中心主任曹鎏作点评

◎ 北京市律师协会行政法与行政诉讼法专业委员会主任陈猛作点评

◎ 第十四届全国人大代表周光权对牛某某诉北京市公安局某分局不履行法定职责监督案作点评

◎ 第十四届全国人大代表武春虎对肖某等3人与河北省某市住建局行政裁判执行监督案作点评

◎ 第十三届全国人大代表初建美对吉林省某市检察院督促医保局落实见义勇为医疗保障制度案作点评

◎第十四届全国人大代表汤亮对严某等诉上海市及某区规划和自然资源局撤销验收合格证监督案作点评

◎第十四届全国人大代表薛济萍对江苏省南通市检察机关促进问题企业注销登记专项治理案作点评

◎第十四届全国人大代表陈淑芳对何某某诉浙江省某市某区人社局工伤认定监督案作点评

◎第十四届全国人大代表黄茂兴对施某甲（郭某）诉福建省某市政府颁证行为监督案作点评

◎第十四届全国人大代表肖舒荣对苏某诉山东省某市房管局、赵某房屋行政登记监督案作点评

◎第十四届全国人大代表肖北庚对任某诉湖南省长沙市某街道办事处行政强制监督系列案作点评

◎第十四届全国人大代表薛其坤对广东省某市交通运输局申请执行违法运营行政处罚决定监督案作点评

# 前　言

2022年是党和国家历史上极不平凡的一年。党的二十大胜利召开，全面擘画党和国家事业发展宏伟蓝图。继2021年6月党中央在百年历程中第一次专门印发《中共中央关于加强新时代检察机关法律监督工作的意见》（以下简称《意见》）后，党的二十大报告第一次专章部署全面依法治国，第一次专门强调"加强检察机关法律监督工作"，赋予了检察机关更重政治责任、法治责任、检察责任，充分体现了以习近平同志为核心的党中央对法治建设、检察工作的高度重视和坚强领导。一年来，全国检察机关行政检察部门克服新冠疫情反复带来的不利影响，深入贯彻习近平法治思想，以迎接党的二十大胜利召开和学习贯彻党的二十大精神为主线，以落实《意见》为统领，以专项活动、案件评查、数字检察和素能提升为抓手落实检察工作"质量建设年"部署，依法能动履职、服务大局、司法为民，强化精准监督和穿透式监督，发挥"一手托两家"职能优势，全面深化行政检察监督，持续深化做实行政争议实质性化解，推动诉源治理，办理了一批在司法理念方面具有纠偏、创新、进步、引领价值的案件。2022年度"十大行政检察典型案例"即是其中的优秀代表。

年度"十大行政检察典型案例"评选活动已连续举办三届，取得了良好政治效果、社会效果和法律效果，成为行政检察助力法治建设的亮丽品牌。本次评选出来的2022年度"十大行政检察典型案例"和30件优秀案例，是行政检察落实党的二十大精神及《意见》的重要体现，反映了行政检察助力法治国家、法治政府、法治社会建设的状况，具有独特的研究价值。正如最高人民检察院检察委员会副部级专职委员宫鸣所讲，2022年度"十大行政检察典型案例"评选活动，是检察机关与行政法学界加强合作交流，深入贯彻习近平法治思想，坚决落实总书记关于"一个案例胜过一打文件"指示要求，发挥典型案例服务指导司法办案的重要价值，扩大行政检察影响力，推动检察工作高质量发展，努力让人民群众在每一个司法案件中感受到公平正义的生动法治实践。中国政法大学校长、中国法学会行政法学研究会会长马怀德教授指出，评选活动成果体现了近年来各级检察机关行政检察工作的突飞猛进、迅速发展，典型案例的数量、质量"双提高"，展现出了行政检察事业的长足进步。

此次将2022年度"十大行政检察典型案例"和30件优秀案例编辑成册，并摘选了部分案例的法律文书，为行政检察实践提供参考和借鉴；尤其是专家学者从理论的高度进行了深度解析和点评，为行政检察理论研究和传播发展提供了引领和支撑。

期冀本书的出版，能够进一步规范、指导行政检察监督办案实践，推动与行政法学理论研究深入交流互动，推动行政检察工作高质量发展，提升行政检察现代化水平，更好服务保障中国式现代化，为在法治轨道上全面建设社会主义现代化国家贡献行政检察智慧和力量。

本书编辑组<br>2023年3月

# 目 录

## 发布会致辞

宫鸣在"2022年度十大行政检察典型案例"发布会上的致辞 …………… 3
马怀德在"2022年度十大行政检察典型案例"发布会上的致辞 ………… 6
黄宝印在"2022年度十大行政检察典型案例"发布会上的致辞 ………… 9
张相军在"2022年度十大行政检察典型案例"发布会上的发言 ………… 11
张步洪在"2022年度十大行政检察典型案例"发布会上的发言 ………… 13

## 2022年度十大行政检察典型案例

1. 牛某某诉北京市公安局某分局不履行法定职责监督案 ………………… 21
2. 肖某等3人与河北省某市住建局行政裁判执行监督案 ………………… 29
3. 吉林省某市检察院督促医保局落实见义勇为医疗保障制度案 ……… 37
4. 严某等诉上海市及某区规划和自然资源局撤销验收合格证监督案 …… 45
5. 江苏省南通市检察机关促进问题企业注销登记专项治理案 ………… 54
6. 何某某诉浙江省某市某区人社局工伤认定监督案 …………………… 63
7. 施某甲(郭某)诉福建省某市政府颁证行为监督案 …………………… 71
8. 苏某诉山东省某市房管局、赵某房屋行政登记监督案 ………………… 81
9. 任某诉湖南省长沙市某街道办事处行政强制监督系列案 …………… 90
10. 广东省某市交通运输局申请执行违法运营行政处罚决定监督案 …… 98

# 2022 年度行政检察优秀案例

1. 许某某诉天津市某区市场监管局撤销公司注销登记监督案 ………… 111
2. 山西省某县人社局与某橡胶公司执行和解监督案 ………………… 113
3. 某养殖公司诉内蒙古自治区某市林草局、市政府行政处罚监督案 ………………………………………………………………… 115
4. 杜某、房某诉辽宁省某市某区人社局工伤认定监督案 ………… 117
5. 黑龙江省某市检察院督促市卫健委改进院前医疗急救案 ……… 119
6. 宋某诉黑龙江省某市某区政府行政行为违法及赔偿监督案 …… 121
7. 江苏省某市检察院督促治理非法转卖营业执照案 ……………… 123
8. 陈某诉浙江省某县政府房屋征收补偿及行政赔偿监督案 ……… 125
9. 张某佳诉安徽省某市某区某镇政府行政协议监督案 …………… 127
10. 陈某兴诉安徽省某市人社局撤销不予认定工伤决定监督案 …… 129
11. 福建省厦门市某区检察院对未履行执行和解监督系列案 ……… 131
12. 余某林诉江西省某县自然资源和规划局不动产变更登记监督案 … 133
13. 张某诉山东省某县某镇政府信息公开诉讼执行监督案 ………… 135
14. 丁某诉河南省某市质量技术监督局某区分局行政处罚监督案 … 137
15. 李某诉湖北省某市某街道办履行政府信息公开职责监督案 …… 139
16. 湖北省某市某区检察院对路政执法罚缴不分监督案 …………… 141
17. 庚某某等人诉广西壮族自治区某县不动产登记局不动产登记监督案 ………………………………………………………………… 143
18. 李某诉海南省某市人社局工伤认定监督案 ……………………… 145
19. 费某与重庆市某区社保中心工伤保险待遇先行支付执行监督案 … 147
20. 王某等人诉四川省某市公安局、某派出所行政登记监督案 …… 149
21. 田某军诉贵州省某县自然资源局行政登记监督案 ……………… 151
22. 李某清诉云南省某县自然资源局土地使用权登记监督案 ……… 153

23. 某公司诉西藏自治区人社厅、某市人社局工伤认定监督案 …… 155
24. 陕西省某县人民检察院督促县交通运输局治理道路安全隐患案 …… 157
25. 甘肃省某物资公司等未依法缴纳水土保持补偿费非诉执行监督案 …… 159
26. 青海省某县检察院督促公安机关纠正超期限扣押案 …… 161
27. 锁某某申请撤销结婚登记行政争议实质性化解案 …… 163
28. 黄某诉新疆维吾尔自治区某市房产局房屋抵押登记监督案 …… 165
29. 阿某诉新疆维吾尔自治区喀什地区某县民政局撤销婚姻登记监督案 …… 167
30. 新疆生产建设兵团人民检察院某师分院督促某师住建局等依法履职案 …… 169

## 十大行政检察典型案例相关法律文书

案例1：北京市人民检察院行政抗诉书 …… 173
案例2：河北省某市人民检察院检察建议书 …… 178
案例3：吉林省某市人民检察院检察建议书 …… 180
案例4：上海市人民检察院某分院检察建议书 …… 182
案例5：关于企业恶意注销逃避法律责任问题的调研报告 …… 186
案例8-1：山东省某市人民检察院行政再审检察建议书 …… 190
案例8-2：山东省某市H区人民检察院检察建议书 …… 196
案例8-3：山东省某市人民检察院检察建议书 …… 200
案例10：广东省某市甲区人民检察院检察建议书 …… 202

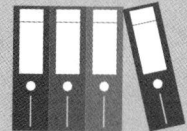

# 发布会致辞

# 宫鸣在"2022年度十大行政检察典型案例"发布会上的致辞[*]

(2023年2月19日)

尊敬的马怀德会长、黄宝印书记，各位专家、各位朋友、各位同事：

很高兴参加"2022年度十大行政检察典型案例"发布会。借此机会，我谨代表最高人民检察院和张军检察长，向中国法学会行政法学研究会、对外经济贸易大学及法学院、《经贸法律评论》编辑部的各位领导和同志，向与会的各位专家，广大网民朋友、新闻媒体的朋友们表示衷心的感谢！向获评案例和办案单位表示热烈的祝贺！

"十大行政检察典型案例"评选活动至今已连续举办三届，取得了非常好的效果，已成为行政检察助力法治建设的亮丽品牌。这是检察机关与行政法学界加强合作交流，深入贯彻习近平法治思想，坚决落实总书记关于"一个案例胜过一打文件"指示要求，发挥典型案例服务指导司法办案的重要价值，扩大行政检察影响力，推动检察工作高质量发展，努力让人民群众在每一个司法案件中感受到公平正义的生动法治实践。

刚刚过去的2022年极不平凡。党的二十大胜利召开，全面擘画党和国家事业发展宏伟蓝图。继2021年6月党中央在百年历程中第一次专门印发《中共中央关于加强新时代检察机关法律监督工作的意见》（以下简称党中央《意见》）后，党的二十大报告第一次专章部署全面依法治国，第一次专门强调"加强检察机关法律监督工作"，充分体现了以习近平同志为核心的党中央对法治建设、检察工作的高度重视和坚强领导，赋予了检察机关更重政治责任、法治责任、检察责任。本届评选活动是行政检察落实党的二十大精神及党中央《意见》的重要体现，也记录着一年来做实行政检察的奋斗足迹。

过去的一年，各级检察机关克服新冠疫情反复带来的不利影响，围绕

---

[*] 宫鸣，最高人民检察院检察委员会副部级专职委员。

迎接党的二十大召开和学习贯彻党的二十大精神，全面落实党中央意见，胸怀"国之大者"，坚持依法能动履职、为大局服务、为人民司法，发挥"一手托两家"职能作用，以案结事了政和为目标，以行政诉讼监督为基石，以化解行政争议为牵引，以行政非诉执行监督和行政违法行为监督为新的增长点，全面深化行政检察监督，持续办好检察为民实事，努力让人民群众在每一个行政检察监督案件中有实实在在的获得感。

一年来，护航民生民利专项活动深入推进，办理涉民生民利行政检察监督案件3.4万余件，让民生司法保障更有温度；持续深化做实行政争议实质性化解，共化解争议1.7万余件，用心纾解人民群众急难愁盼；落实检察工作质量建设年部署，行政检察监督规模和办案质效实现双提升；深入实施数字检察战略，探索大数据在行政检察监督工作中的深度运用，发挥大数据在监督办案、纠正违法、促进国家治理中的作用，推动行政检察监督转型升级；行政检察办案实践与行政法学理论研究的互动更加深入，2022年9月，中国法学会行政法学研究会会同中国法学会检察学研究会行政检察专业委员会、中国政法大学法治政府研究院等，成功举办首届行政检察指导性案例学术研讨会。本次发布的10个典型案例和30个优秀案例是行政检察工作一年来的缩影，凝结着全体行政检察人的心血；也是中国法学会行政法学研究会、对外经济贸易大学，各位专家和新闻媒体朋友们大力支持的结果。

2023年是全面贯彻落实党的二十大精神的开局之年，也是行政检察奋进新征程的关键之年。各级检察机关行政检察部门要以本次案例评选活动为契机，深入贯彻习近平法治思想，以贯彻落实党的二十大精神和党中央《意见》为主线，践行人民至上，全面深化行政检察监督，为在法治轨道上全面建设社会主义现代化国家贡献智慧和力量。这里我提三点建议。

一是全面深化行政检察监督，提供更优更实的司法检察产品。十大行政检察典型案例和优秀案例，是检察机关监督办案形成的检察产品，是总结检察工作经验、诠释法律精神的重要载体，具有宣传法治、教育群众和指导办案的重要作用。要找准行政检察在推进中国式现代化进程中的方向、重点和路径，在全面和深化监督上下功夫，不断提升办案质效，让人民群众从更优更实的"检察产品"中感受到公平正义。

二是高度重视案例指导和研究工作。案例工作是落实习近平法治思想，推进政治建设与业务建设融为一体的重要抓手。要注重发挥案例指导实践的作用，真正学懂悟透案例背后所体现出的司法理念和精神要旨，落实案例检索制度，参照参考指导办案，确保案件办理取得良好的政治效果、法律效果、社会效果。同时，积极争取行政法学界各位专家学者的支持，加强行政检察指导性案例和典型案例研究，透过案例深入研究行政检察与行政法治的未来发展方向，提升行政检察现代化水平。

三是加强检学检校交流合作，深化行政检察理论研究。加强检学检校交流合作是撬动理论研究与检察办案的双赢杠杆，既是法学教学、理论研究的需要，更是推动检察工作高质量发展的客观需要。新一轮检察改革要求行政检察要进一步完善监督体系，推动落实行政违法行为监督、深化和规范行政争议实质性化解等。要发挥行政检察理论研究平台和地方行政检察研究基地作用，围绕完善行政检察监督体系、完善行政检察监督法律制度供给等重大课题，深入调查研究，形成既有理论高度又接地气的研究成果，为全面深化行政监督，实现行政检察高质量发展提供理论引领和支撑。

最后，也恳请行政法学界、实务界和新闻媒体的各位朋友一如既往地支持、关注行政检察工作，共同在推进法治国家、法治政府、法治社会一体建设新征程中展现新担当、实现新作为，为在法治轨道上全面建设社会主义现代化国家贡献智慧和力量。

# 马怀德在"2022年度十大行政检察典型案例"发布会上的致辞[*]

（2023年2月19日）

尊敬的宫鸣专委、黄宝印书记，各位领导、各位专家：

这是我第三次参加由最高人民检察院第七检察厅和中国法学会行政法学研究会共同举办的十大行政检察典型案例发布会，感触很深。我想表达一下个人的三点想法。

第一，对2022年度十大行政检察典型案例及30个优秀案例的入选和发布表示祝贺，特别是要感谢所有典型案例、优秀案例的承办人员和团队，你们的贡献、你们的精品力作得以在这样一个场合广为传播，应该说是我们行政检察事业不断发展的一个重要标志。

第二，对外经济贸易大学对这次活动的高度重视，特别是宝印书记亲临会场，做了精彩致辞，就开展案例研究作出了重要的指导。对外经济贸易大学近年来持续发力，开展行政检察典型案例的评选和发布工作，向你们表示感谢。同时，要感谢所有与会的领导和专家，特别是各位评议专家。今天发布的案例是经过层层筛选后产生的，各位专家参与了初评、终评，在案例发布后又作出悉心评议，深入阐释这些案例的价值和意义，十分辛苦，我在这里一并表示衷心感谢！

第三，对行政检察事业取得的长足进步深感欣慰。我对行政检察案例一直很关注，在前两次的发布会上我也说过，行政检察是检察机关"四大检察"的重要组成部分，它的发展对推动检察工作现代化、促进法治中国建设具有重要意义。近年来，在最高人民检察院党组的带领下，各级检察机关的行政检察事业突飞猛进，发展非常迅速，典型案例的数量、质量"双提高"，展现出了行政检察事业的长足进步。

借此机会，我也想对行政检察监督工作再提三点建议：

---

[*] 马怀德，中国政法大学校长、中国法学会副会长、中国法学会行政法学研究会会长。

第一，进一步强化对行政诉讼的检察监督。从法律依据上讲，行政诉讼法明确规定人民检察院可以对行政诉讼实行法律监督，监督的主要方式就是提起抗诉。今天发布的案例中，案例一牛某某诉北京市公安局某分局不履行法定职责监督案，就是当事人对人民法院就公安机关履行法定职责作出的生效裁判不服，申请检察监督。检察院提起抗诉，支持行政诉讼原告的诉讼请求。这种监督方式是有明确法律依据的，应当得到进一步强化。诉讼监督从某种意义上说也可以是一个完整的监督，从立案到审理、判决、执行，各个环节检察机关都可以发挥作用。最近召开了第六次全国行政审判工作会议，我们可以看到当前的行政审判事业快速发展，但其中也面临着一些新的问题：一是存在程序空转的现象，影响到了行政纠纷的实质性化解。二是滥诉现象较为频发，耗费了大量的司法资源。要解决这些问题，一方面要依靠审判机关自身的改革和完善，如严格落实成熟性原则和穷尽行政救济原则；另一方面也可以通过强化检察监督来实现目标。从实践来看，面对行政诉讼中案结事不了，争议长期持续，案件上诉率、申诉率居高不下等问题，检察监督确实可以对纠纷的实质性化解起到促进作用。可以说，行政检察监督任重道远，强化行政诉讼监督应当成为行政检察业务继续做深做实的一个重点。

第二，要拓展行政检察的领域，丰富行政检察的手段，完善行政检察的程序。所谓拓展领域就是从现在的诉讼监督拓展到检察机关提出的"穿透式"监督，即不仅要监督行政诉讼活动，还要监督行政行为。比如今天发布的案例三吉林省某市检察院督促医保局落实见义勇为医疗保障制度案。案件本身不涉及行政诉讼，检察监督不是针对行政诉讼启动，是检察机关根据线索发现见义勇为的人没办法在医保中心报销医药费而启动监督程序。严格地讲，这就是诉讼以外的监督，是对既有监督领域的拓展。另外，要丰富行政检察的方式，现在的行政检察广泛采用了听证、调查、调解，用各种方式，目的是要化解行政争议、解决行政纠纷，纠正行为违法，防止行政机关违法或不当行使职权。同时，要完善相关的程序，应当说，在行政检察的新领域，特别是"穿透式"监督的开展过程中，还缺乏一定之规，没有严格的程序限制和规范，这方面还需要进一步完善。所以，拓展行政检察的领域、丰富行政检察的手段、完善行政检察的程序三者应当统一起来，统筹协调推进。

第三，强化法治保障。现在检察机关正在酝酿起草公益诉讼法。目前就公益诉讼制度进行立法确实有必要，但就检察业务的开展来说，由于民事诉讼法、行政诉讼法和相关的司法改革决定都已经明确了公益诉讼的法律地位，当务之急可能是解决行政检察的法律地位问题。所以，有没有可能在起草公益诉讼法的同时，也制定一部行政检察方面的立法，或者制定一部"行政检察监督与公益诉讼法"，把现在检察机关开展的诉讼以外的监督纳入法治轨道。现在的行政公益诉讼案件，90%左右都是通过诉前检察建议来解决问题的，这可以与行政检察监督形成有机衔接。制定一部"行政检察监督与公益诉讼法"，为行政检察提供制度保障，既能完善行政检察业务，也推动了公益诉讼制度的发展。

以上是我不成熟的观点，请大家批评指正。最后，预祝本次活动圆满成功。

# 黄宝印在"2022年度十大行政检察典型案例"发布会上的致辞[*]

（2023年2月19日）

尊敬的各位领导、各位来宾，老师们、同学们：

我代表对外经济贸易大学，热烈欢迎法院、检察院系统的各位领导专家莅临学校。

习近平总书记在经济社会领域专家座谈会上的重要讲话中指出，新时代改革开放和社会主义现代化建设的丰富实践是理论和政策研究的"富矿"，我国经济社会领域理论工作者大有可为。习近平总书记在视察中国人民大学时强调，加快构建中国特色哲学社会科学，归根到底是建构中国自主的知识体系。以中国为关照，以时代为关照，立足中国实际，解决中国问题，不断推动中华民族传统文化创造性转化、创新性发展，不断推进知识创新、理论创新、方法创新。我们要认真学习领会习近平总书记重要讲话精神，在学术研究和法治建设中贯彻好落实好，不断重视和加强中国特色案例建设的主题性研究和高质量发展。

2022年，中宣部、教育部联合印发《面向2035高校哲学社会科学高质量发展行动计划》，明确提出推动中国特色案例建设，把案例建设作为哲学社会科学未来15年建设的一个重大方面，提出要更好彰显中国之路、中国之治、中国之理。十大行政检察典型案例对学校教育教学、对法治建设、对人才培养都有重要意义，中国的案例建设迎来了黄金时期，我们要不断重视和加强基于鲜活实践的原创概念、原创理论的主题性研究。对外经济贸易大学和最高人民检察院第七检察厅、中国法学会行政法学研究会第三次联合举办十大行政检察典型案例发布会，联合发布年度十大行政检察典型案例，具有重要的实践意义和学术价值。我觉得这是对贸大的信任，也是贸大的光荣，更是贸大的责任。通过树立标杆阐释典型案例，大

---

[*] 黄宝印，对外经济贸易大学党委书记。

力弘扬社会主义核心价值观和社会主义法治精神，同时希望以评促研、以评促教，进而促进学校法律教育、法律研究的不断深入。

  我衷心期待贸大能够和最高人民检察院第七检察厅、中国法学会行政法学研究会继续深度合作，把活动越办越好，办出品牌、办出更大的社会影响，能够对我们的法律教育、法治建设产生更深远影响。贸大一定全力支持和做好这项工作，不断加强和最高人民检察院、中国法学会行政法学研究会的密切合作，协助打造更多高质量的品牌活动，为法治中国建设、为法律教育和法治人才培养贡献更大力量。

# 张相军在"2022年度十大行政检察典型案例"发布会上的发言*

(2023年2月19日)

尊敬的马怀德会长、黄宝印书记、宫鸣专委,各位嘉宾,各位专家,同志们、朋友们:

感谢大家一直以来对最高人民检察院第七检察厅和行政检察工作的厚爱、关心和支持!受评选活动主办方委托,现在我简要报告评选过程,并宣布"2022年度十大行政检察典型案例"评选结果。

## 一、关于评选过程

整个评选活动分为公开遴选、专家初评、公众投票、专家终评、对外发布等环节。

公开遴选及专家初评。2022年,全国检察机关深入贯彻习近平法治思想,全面落实《中共中央关于加强新时代检察机关法律监督工作的意见》,全面深化行政检察监督,依法护航民生民利,持续深化做实行政争议实质性化解,常态化开展土地执法查处领域行政非诉执行监督,办理了一批质量高、效果好的案件。我们从各地择优上报的百余件案例中,筛选出"十大行政检察典型案例"备选案例,经由中国法学会行政法学研究会组织专家初评,确定40个参选案例。

公众投票及专家终评。参选案例公众投票于2023年2月6日启动,最高人民检察院、中国政法大学法治政府研究院、对外经济贸易大学、"中国法律评论""经贸法律评论"等公众号陆续发布,"最高人民检察院"和"中法评"微信公众号分别开设投票通道,广大读者和网友参与投票。同时,中国法学会行政法学研究会组织10位专家对40个参选案例进行终评,分别打分排序。综合专家终评和公众投票,最终确定2022年度十大

---

* 张相军,最高人民检察院第七检察厅厅长,一级高级检察官。

行政检察典型案例。

二、关于评选结果

现在我宣布，荣获"2022 年度十大行政检察典型案例"的是（按行政区划排序）：

1. 牛某某诉北京市公安局某分局不履行法定职责监督案；
2. 肖某等 3 人与河北省某市住建局行政裁判执行监督案；
3. 吉林省某市检察院督促医保局落实见义勇为医疗保障制度案；
4. 严某等诉上海市及某区规划和自然资源局撤销验收合格证监督案；
5. 江苏省南通市检察机关促进问题企业注销登记专项治理案；
6. 何某某诉浙江省某市某区人社局工伤认定监督案；
7. 施某甲（郭某）诉福建省某市政府颁证行为监督案；
8. 苏某诉山东省某市房管局、赵某房屋行政登记监督案；
9. 任某诉湖南省长沙市某街道办事处行政强制监督系列案；
10. 广东省某市交通运输局申请执行违法运营行政处罚决定监督案；

许某某诉天津市某区市场监管局撤销公司注销登记监督案等 30 件案件，荣获"2022 年度行政检察优秀案例"。

恭喜以上获奖案例及办案单位！

2023 年是全面贯彻落实党的二十大精神的开局之年，也是行政检察奋进新时代新征程的关键之年。我们将全面贯彻落实党的二十大精神，深入贯彻习近平法治思想，持续落实《中共中央关于加强新时代检察机关法律监督工作的意见》，全面深化新时代行政检察监督，深入实施数字检察战略，深化行政检察改革，更加重视发挥典型案例的示范、引领和指导作用，办好关系人民群众切身利益的每一件"小"案，以更优行政检察履职，助力法治中国建设，为在法治轨道上全面建设社会主义现代化国家贡献行政检察智慧和力量。

最后，再次感谢中国法学会行政法学研究会、对外经济贸易大学的倾力支持，感谢各位专家学者的智慧相助，感谢新闻媒体朋友的大力支持，感谢办案单位和公众的积极参与！

# 张步洪在"2022年度十大行政检察典型案例"发布会上的发言

(2023年2月19日)

各位领导,各位专家,各位检察同仁:

根据会议安排,我在这个环节作个发言,主要是对各位专家的付出的劳动和智慧表达感谢之情。同时,对各位专家的发言作个梳理。短短几分钟的时间,不可能把各位专家的真知灼见一一列举出来,我尝试着在各位专家发言的基础上,谈一些延伸的思考和体会,不妥之处,请批评指正。

案例一,"牛某某诉北京市公安局某分局不履行法定职责监督案",这是一个纯正的履行职责争议案件。公民私宅受到强拆,求助公安机关,公安机关没出警,引起行政争议。公民在人身权、财产权受到侵犯或者威胁时,求助警察,具有急迫性,应当得到积极有效回应,这也是保障人民群众安全感、幸福感的一个重要方面。我国公安机关在保护公民、组织人身权、财产权方面做了大量工作,但衡量一个机关履行法定职责情况,通常不是根据这个机关做了多少职责内的好事,而是看还有哪些没有做到。或许,公安机关通过优化警力资源配置利用、细化出警标准,可以更加有效地履行保护公民、组织人身权、财产权的法定职责。

案例二,"肖某等3人与河北省某市住建局行政裁判执行监督案",因购房者对工程建筑质量不满,主张由行政机关履行法定监管职责而引起诉讼。法院作出生效的履行判决,行政机关就有义务履行监管职责。检察机关办理这类案件,在生效裁判合法公正的情况下,就是要督促行政机关履行判决确定的义务。从权利救济来看,行政诉讼不是解决本案争议的唯一途径。工程建筑质量不合格,主因、主责在建筑商、开发商。本案购房者可以提起民事诉讼,却选择向行政机关申请履行职责,明显具有维权成本

---

\* 张步洪,最高人民检察院第七检察厅副厅长、二级高级检察官。

的考量。相比民事诉讼，申请行政机关履行监管职责，理应便捷高效。通过这个案件，也说明行政机关履行市场监管、行业监管职责，同样具有保护公民、组织合法权益的功能。工程建筑质量，事关不特定人的生命财产安全，具有行政监管的必要。同时，不合格建筑会影响到具体公民、组织的生命财产安全，因此，行政机关有义务基于公民、组织的申请履行职责。

案例二的特点还在于，检察机关推动行政机关履行判决裁定确定的义务，解决本案争议之后，建议住建局组织力量对3年来的工程建筑质量监管"回头看"，推动一类问题解决。办理一个案件，解决一类问题，将行政检察办案的效果延伸到案件之外，渗透到行政监管和执法之中。

案例三，"吉林省某市检察院督促医保局落实见义勇为医疗保障制度案"，一位见义勇为的老人，由于个别主管机关机械理解个别法条，而不能报销医疗费。此案所涉法律规定没有问题。因受到第三人伤害发生的医疗费用原则上不予报销，但见义勇为者除外，这既符合公平正义，也符合倡导见义勇为的价值导向。检察机关作为国家法律监督机关，主要监督促进法律在国家和社会生活中统一正确实施。对于法律适用中的认识分歧，检察机关不再简单依赖向上级请示、寻求立法机关解释，而是通过举行公开听证凝聚共识，促使行政机关消除疑虑，履行职责。此案也告诉我们，天理、国法、人情具有相通性。法律规定和法律适用，应当符合社会大众认知，事实判断、法律适用，都应当符合而不能背离社会核心价值，司法办案应当精心呵护社会良知。

案例四，"严某等诉上海市及某区规划和自然资源局撤销验收合格证监督案"，是个别业主对行政机关作出的《建设工程竣工规划验收合格证》提起的撤销之诉。行政机关作出的验收合格证，属于行政确认。合格与否，主要是一个事实判断。当有证据证明，先前判断与客观事实不符的时候，行政机关有义务纠错。建设工程合格，既属于业主的共有利益，也属于每一个业主的单独利益。合格与否的异议权，既属于大多数业主，又属于每一个业主。建筑物不能因满足多数业主的使用需求就合格，而是要符合每一个业主的使用需求才合格。从这个角度说，有权对验收合格证质疑、提起诉讼的，不应是以多数业主共同的名义，而是任何一个业主，在工程质量影响到其实际使用、现实利益的情况下，都可以单独提起诉讼。

案例五，"江苏省南通市检察机关促进问题企业注销登记专项治理案"，检察机关通过办理行政非诉执行监督案件，发现登记机关对恶意注销市场主体问题疏于监管，督促行政机关依法履行职责。这类案件涉及的问题，已经不再是行政非诉执行监督，而是履行职责中发现行政机关未有效履行法定职责。这就是党的十八届四中全会决定、中央加强新时代法律监督工作的意见中提出的检察机关督促行政机关履职纠错的改革举措。这类案件的办理机制，是检察机关发现、推动和行政机关积极回应、履职的结合。支撑检察机关办理这类案件的法理，不仅有检察机关作为法律监督机关的定位，也有行政机关接受最广泛监督的政理，还有检察监督与行政执法互动衔接的机理。市场主体负有诚信、守法经营的义务，也有遵守公法的义务；违反公法的，应当受到法律惩戒或制裁，受到行政处罚的市场主体，应当履行行政处罚确定的义务。恶意注销的推动者，往往是市场主体的大股东、实际控制人。对此，如何将法律责任追究到始作俑者头上，必须制度先导。我国对市场主体的设立，从许可审批到登记，也是深化市场经济改革的一个重要举措，旨在降低市场准入、退出成本，激发市场活力，防止行政对市场过度干预。与行政许可应当加强行政监管不同，市场主体登记制度以申请人诚实信用为基石。如何保证市场主体依法进入、退出市场，恶意注销市场主体的法律后果有哪些，有待进一步研究。

案例六，"何某某诉浙江省某市某区人社局工伤认定监督案"，何某某申请工伤认定，未得到行政机关和法院的支持，申请监督。检察机关的再审建议未得到采纳，抗诉之后、法院再审期间，检察院和法院共同努力，促使双方达成和解。工伤认定作为一种行政确认行为，它既是事实判断，也是一个价值判断。受到工伤损害的劳动者，属于弱势群体，理应受到法律的关照。这种关照，不仅体现在认定工伤的标准向劳动者倾斜，而且应当保障受到工伤损害的劳动者通过简洁、便捷的程序获得赔偿。何某某案，案情不复杂，却经过了漫长的诉讼程序，直到检察机关抗诉之后，何某某的诉求才得以实现。行政诉讼检察监督案件中，工伤认定案件占有一定比例。有的人社局、用人单位基于自身利益确定立场态度，以是否由自己承担费用而区别对待。法律关于工伤认定的规则和标准，文字上是清晰的，劳动者的工作场景是复杂多变的。要形成一套便捷、高效的工伤认定赔偿机制，不仅要细化工伤认定的规则和标准，更要完善社会保险缴纳制度，加强社会保险缴纳监管。

此案还有一个特点，检察机关抗诉后和法院一道，促使双方达成和解。这和法律规定、其他行政案件中的做法，存在差异，这也因应了工伤争议案件的特点。法律规定，检察机关抗诉案件，法院应当再审并作出判决。工伤认定行政案件，解决的是劳动者所受伤害是否属于工伤，应否得到工伤赔偿的问题。司法机关办理工伤认定行政案件，主要是审查劳动者所受伤害与工作的关联度，被诉行政行为认定事实是否客观、是否符合法律规定的价值取向，而不是工伤认定行为是否合法的问题。因此，办理工伤认定行政案件的任务和处理规则，很大程度上更接近民事诉讼。

案例七，"施某甲（郭某）诉福建省某市政府颁证行为监督案"，行政机关基于他人提供的虚假材料作出行政登记，登记行为认定的事实与客观事实不符。事后经民事诉讼，法院作出民事判决，确认了监督申请人的主张。按照法律规定，行政机关有义务协助执行法院民事判决，但是，监督申请人赢得民事诉讼后，还要提起行政诉讼。因为超过20年最长法定期限，行政诉讼被法院驳回起诉。对那些具有持续效力的行政行为设定起诉期限，使得相当一批关涉公民、组织重大核心利益的案件被排除在行政诉讼程序之外。检察机关通过调查核实，查明施某乙故意隐瞒真实情况骗取登记的关键事实，与法院的民事判决相印证，使得检察机关向行政机关提出的建议建立在可靠的事实基础之上。很大程度上，此案不是法律适用的争议，而是因行政行为认定事实错误导致侵权引起的争议。对此，由谁来还原客观事实？这正是检察机关办案的一个发力点，注重通过调查核实发现客观真相，用事实说话，追求实体公正。

案例八，"苏某诉山东省某市房管局、赵某房屋行政登记监督案"，苏某提起诉讼，法院以其没有利害关系为由驳回，这也是一个事实认定错误。本案原审原告的合法权益，无缘无故受到他人恶意利用公权力予以非法侵犯。检察监督的发力点也是调查核实，作出准确的事实判断，基于这个事实判断，推动法院再审改判。

可以说，准确的事实判断，是正确适用法律的基础，也是公正办理案件的前提。检察机关办理行政案件，考虑到原审原告一方获取证据能力的不足，不再纠结于监督申请人的举证证明责任，针对关键事实、核心争议开展调查核实，在更大程度上保证检察机关办案符合实体公正，更好地回应当事人实质诉求。

案例九，"任某诉湖南省长沙市某街道办事处行政强制监督系列案"，检察机关经过调查核实，发现监督申请人的诉求不具有相应的事实和法律依据，法院判决公正合法。按照法定程序，检察机关直接作出不支持监督申请决定并送达监督申请人，程序就算完成了。检察机关监督，不仅要监督公权、保障私权，还要为法院公正审判、行政机关依法行政提供助力，通过办案，提升当事人、人民群众对法院和行政机关的信任感和认同感。为此，检察机关搭建双方对话平台，借助第三方分析判断，在沟通中凝聚共识，促使监督申请人接受了行政机关之前确定的搬迁方案，维护了行政决定和司法判决的公信力。

案例十，"广东省某市交通运输局申请执行违法运营行政处罚决定监督案"，是典型的行政非诉执行监督案件。行政机关因违法行为人伪造证件，导致行政处罚决定处罚对象错误，检察机关同样是通过调查核实查清案件事实，通过检察建议，督促法院撤销准予执行裁定，督促行政机关撤销对何某的行政处罚决定。

无论诉讼监督案件还是非诉执行监督案件，到检察机关时，已经经过多个程序，当事人已经精疲力竭。检察监督首先要回应当事人的实质诉求，追求实体公正。对于带有普遍性且无法纠正的程序违法，更适合通过类案监督，促使行政机关和法院自行改进。

以上是我对十大典型案例的一些认识。感谢各位的认真聆听，感谢贸大领导、贸大法学院、贸大法学评论各位老师和同学们的辛勤劳动和大力支持。

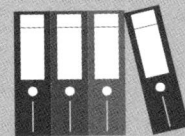

# 2022年度十大行政检察典型案例

# 1. 牛某某诉北京市公安局某分局不履行法定职责监督案

**【关键词】**

抗诉改判　处警标准　确认违法

**【案例简介】**

2018年12月28日上午9时9分左右，郭某某（牛某某之夫）向110报警称有人私闯民宅，不认识对方，对方已经上了房顶。当地派出所经了解，系村委会实施的"帮拆"行为，称已电话反馈报警人，未到现场处警。同日，派出所对郭某某报警被打伤一事作为行政案件立案，后根据轻伤二级的鉴定意见，转为刑事案件立案侦查。牛某某诉至某区法院，请求判决确认某分局对2018年12月28日的报警未依法履行保护其人身财产安全法定职责的行为违法。某区法院判决驳回牛某某的诉讼请求。牛某某上诉、申请再审均被法院驳回。

牛某某向北京市人民检察院某分院申请监督。某分院向北京市公安局调取郭某某拨打110报警电话录音。经审查认为，某分局接到报警后应当到现场进行处置。根据人民警察法、《110接处警工作规则》的相关规定，对危及人身或财产安全迫切需要处置的紧急报警，处警民警接到指令后应当迅速前往现场开展处置工作。本案中，郭某某的报警反映其人身财产安全正面临危险，需要公安机关出警帮助，属于迫切需要处置的紧急报警。"帮拆"行为的理由不能免除某分局的法定职责。虽然公安机关称通过电话告知报警人情况，但该告知行为不能免除公安机关前往现场处置的法定职责。据此，提请上级检察院抗诉。上级检察院提出抗诉，该案发回重审并得到改判，最终确认了某公安分局对2018年12月28日报警未到现场处置行为违法。

**【意义】**

在涉及村委会"帮拆"的案件中，公安机关应当根据报警、求助事项的紧急程度依法处理，对紧急报警、求助，公安机关以不属于公安机关管辖范围为由而未到现场处置的，应当认定为不履行法定职责。人民法院在审查"帮拆"背景下公安机关履责类案件中,对公安机关是否履行法定职责,应当依据《110接处警工作规则》等规定对公安机关履责情况进行实质性全面审查,并保持不同诉讼中的审查立场协调统一。对生效判决错误认定公安机关履责标准的,检察机关应通过抗诉方式,监督人民法院依法再审,以更加刚性的司法判决促进公安机关接处警工作规范化、法治化,更好保护公民、法人或者其他组织的人身、财产安全。

📝 **办案心得体会**

## 以能动履职践行为民初心
## 以守护公平正义不辱监督使命

吕 萍 刘 丽[*]

近年来，随着行政检察工作内容的不断丰富，行政检察监督已发展成为包括行政裁判结果监督、行政审判活动监督、行政诉讼执行监督、行政非诉执行监督、行政违法行为监督、行政争议实质性化解等多项职责在内、由诉讼内监督和诉讼外监督构成的监督体系。尽管范围在不断拓展，但不容忽视的是，行政裁判结果监督仍是行政检察工作的基础，依法履行生效裁判结果监督职能并办理好此类案件具有重要的法治意义。结合办理牛某某一案的情况，对更好地做好行政裁判结果监督工作谈几点体会。

一是要坚持思想要素引领，牢固树立并践行能动履职理念。思想要素在检察发展要素体系中具有核心地位。行政检察工作中必须牢固树立能动履职理念，并具体落实到监督办案的每个环节，如最基础最突出的调查核实环节。在牛某某一案中，通过接处警记录的记载，难以对报警时的具体情况有全面的了解，从而可能影响到对本案核心问题——是否应当到现场处置的判断。为了最大程度还原报警情况，在办案中我们询问报警人，听取公安机关的意见，对申请人提交的报警时的视频资料进行审查，在此基础上主动向公安机关调取报警时的通话录音。综合上述情况，认定本案报警事项属于"迫切需要处置"的情形，从而得出公安机关应当到现场处置的结论。事实上，通话录音中接警人员告知报警人"不要和他人发生冲突""等民警到现场处理"的内容，为本案中判断报警情形的紧急程度提供了重要支撑。在裁判结果监督工作中，如果不充分发挥调查核实的作

---

[*] 吕萍，北京市人民检察院第三分院三级高级检察官；刘丽，北京市人民检察院三级高级检察官。

用，就难以落实检察办案的亲历性，就容易陷入卷宗主义的束缚，对案件的整体把握、细节认定都可能造成模模糊糊、举棋不定，最终导致内心不敢确信。实际上，除了调查核实，在公开听证、专家咨询、开展实质化解争议等环节也应当做到"能动"，唯此才能"求极致"。

二是要坚持精准监督导向，着力提升监督质效，增强检察监督刚性。经抗诉启动再审并作出改判，是行政诉讼监督最具刚性的体现。要实现这一目标，就要做到既要"抗得出"，还要"改得了"，减少程序空转，并通过再审改判实现检察监督标准、司法审判标准和行政执法标准相统一。因此必须在事实认定、法律适用、审判程序等方面精准把握，找准问题症结，提出精准的监督意见。比如，本案中生效判决认为，"帮拆"不属于公安机关管辖，已经电话告知报警人，且人身伤害事项已行政立案并在后续转为刑事立案，不属于行政诉讼受案范围。分析这一履责评价是否正确，就离不开对履责范围、履责要求和履责标准的理解和准确适用。根据人民警察法和《110接处警工作规则》的相关规定，厘清法律关系后，可以得出三个层次的结论：公安机关具有履行保护人身、财产安全的法定职责；公安机关应当对报警事项区分紧急报警和非紧急报警；公安机关对紧急报警应当到现场处置。结合本案进而可以得出，是否发生在"帮拆"的场合，并不能免除公安机关履行保护人身财产安全的法定职责，同样，电话告知也不能免除到现场处置的法定职责。对履责范围和发生场合的混同，是对法律规范的不当理解和适用。本案的成功办理，还实现了经验逻辑和法律逻辑相协调的重要目标，这也是精准监督的重要体现。站在当事人的角度，"你出警了我就不会受伤"。社会公众的日常经验判断和对法律的朴素认知，虽然不及司法裁判权威，但二者是否达成协调，也是衡量司法裁判法律效果和社会效果是否统一的重要标尺。

三是要坚持"以我管促都管"，促进维护人民群众人身、财产安全，回应新时代人民群众法治需求。进入新时代，人民群众对民主、法治、公平、正义、安全、环境等方面的需求日益增长。人民群众的人身安全、财产安全是众多需求中的基础需求，直接影响到获得感、幸福感。本案中，郭某某的报警，反映了公民对人身、财产安全面临危险时的恐惧和对公安机关提供及时、迅速、有效的公权力救济措施的期待。案件中这种期待未得到满足，并且发生了不良后果。往小处看，是一起社会治安事件、犯罪行为，往大处看，则是对政府公信力、司法公正度的考验，因此"小案"

中也有"大政治"。公安机关作为行使国家行政权力的特殊力量，在建设平安中国的过程中肩负的责任和使命十分重大。因此，人民检察院作为专门的法律监督机关，不但要强化法律监督职能，通过行政检察监督人民法院依法审判进而促进公安机关依法履职，更要担负起"为百姓求公道，为社会消戾气"的使命。让人民群众切实感受到公平正义就在身边。

## 专家点评

## 行政检察应该在行政诉讼监督与行政执法监督中大有作为

解志勇[*]

对于牛某某诉北京市公安局某分局不履行法定职责监督案，可从以下五方面加以分析：

第一，北京市人民检察院某分院抓住了行政检察的主要着力点，即诉讼监督。未来如果要实现行政复议作为争议解决主渠道的目标，行政检察还要瞄准行政复议。该案通过诉讼监督这个着力点，实际上监督了公安机关在理解、解释、执行法律时的裁量空间。尤其在接警后出警前的裁量过程中，公安机关可能会出现误判，如认为某项工作不是自己的业务，导致事态进一步恶化。检察机关抓住了这一点，对整个动态的办案过程实现了更为有效的监督。

第二，该案体现出行政检察向实质性法律监督迈进了一步。检察机关指出，该案中的"帮拆"属于公安机关的管辖范围，并明确告知公安机关执行法律的依据是人民警察法、治安管理处罚法等法律。这意味着，检察机关可以通过检察建议等方式，直接观察并纠正行政权力运行中出现的违法问题，实现实质性穿透式监督。当然，除了诉讼监督，针对行政权力运行中出现的规律性问题还可以向行政机关制发检察建议并加以监督纠正。

第三，行政检察不仅要向前穿透式监督，还要追踪后续效果。该案虽已入选2022年度十大行政检察典型案例，但还需持续关注监督的后续事项。如被监督行政机关如何处理纠正后的事项？公安机关是否仍然认为"帮拆"不属于其管辖范围？是否仍然自行判定是否需要紧急出警？检察机关后续还要与公安机关进行有效沟通，使之明确对于典型情况应遵守何

---

[*] 中国政法大学比较法学研究院院长、教授。

种规定处理。

第四，检察机关在行政检察方面虽已取得不少成绩并引起广泛关注，但还有很大的发展空间，需要加强四方面建设。首先，专业能力建设。行政检察官虽依据宪法、行政诉讼法等法律规范履职，但其底气实际上来源于自身专业实力，因此，必须具有扎实的法学素养，避免让法官与行政机关工作人员质疑其专业性。其次，宣传能力建设。在行政检察的蓬勃发展时期，每年应全力办理并推出一到两个最有利于推动行政检察实践和理论发展的重大案例进行广泛宣传。再次，监督路径建设。当前，该领域法律体系尚不健全，监督路径匮乏，需要创新更多的法律手段实现有效监督。最后，检察机关需加强理想信念建设，强化履职担当。在发现有重要价值的案件时，检察人员必须勇敢地抓住机会，揪住不放，避免外来干预，不畏困难，确保办案质效。

第五，呼吁尽快制定行政检察相关专门法律。制定行政检察与公益诉讼法的"时间窗口"打开了。这两项工作可以一前一后联手，共同推进行政检察的发展。期待行政检察与公益诉讼专门立法能尽快出台，以促进行政检察的理论研究和实践发展取得重大突破。

## 人大代表政协委员点评

## 以行政检察监督促进执法标准统一，实现经验逻辑和法律逻辑相协调

### 周光权[*]

本案的亮点在于检察机关通过抗诉实现了两个目标。一是明确公安机关对报警前往现场开展处置的客观标准。即判断是否应当前往现场处置的核心是报警事项是否具有危及公民人身、财产安全紧迫性，而非报警事项发生的事由或领域。根据《110接处警工作规则》的规定，对危及人身或财产安全迫切需要处置的紧急报警、求助，处警民警接到指令后应当迅速前往现场开展处置工作，对其他非紧急报警、求助则应当视情尽快处理。因此，报警事项有紧急和非紧急之分，对应的履责要求也区分为迅速前往现场处置和视情尽快处理。在紧急报警情形下，不能以电话告知代替现场处置，否则构成违法。二是实现法律逻辑和经验逻辑协调统一。公安机关到现场处置，有利于制止现场正在发生或预防现场可能发生的违法犯罪行为，才能为公民在紧急情况下的报警、求助提供及时、迅速、有效的公权力救济途径。认为报警事项涉及帮拆行为，不属于公安机关管辖范围的观点，实质上是从报警事项涉及的领域、类型及履责的形式判断，而非从公安机关具有保护人身、财产安全的法定职责出发，混淆了公安机关履责范围的判断标准。

本案的法治价值在于检察机关通过抗诉，进一步明确了对公安机关是否履行保护人身权、财产权法定职责的判断标准，即应以法律规范的明文规定为基础，从实质上判断公安机关是否履行了法定义务，促进检察监督标准、司法审查标准和行政执法标准相统一，实现经验逻辑和法律逻辑相协调。

---

[*] 第十四届全国人大常委会委员、宪法和法律委员会副主任委员。

# 2. 肖某等 3 人与河北省某市住建局行政裁判执行监督案

**【关键词】**
执行监督　工程建筑质量　跨区域一体化协作　社会治理

**【案例简介】**

2021 年，某市某花园小区肖某等 3 名购房人先后以工程建筑质量不合格为由，起诉某市住房和城乡建设局（以下简称某市住建局）不履行法定职责。法院生效判决责令某市住建局对"某房地产开发有限公司对某花园小区项目建设过程中出现严重质量问题后未经修复即强制交房等违法行为"履行监管职责。某市住建局怠于履行判决内容，肖某等 3 人向管辖地某区检察院申请执行监督。

为应对法院一审行政诉讼案件跨行政区域集中管辖现状，全市检察机关构建行政检察跨区域协作机制，争议地某市检察院协助管辖地某区检察院办理生效裁判执行监督案件。在上级检察院的指导下，某区检察院和某市检察院相互配合开展工作。某区检察院约谈肖某等人了解情况和诉求；某市检察院对接某市住建局，听取意见、查阅档案、实地走访，围绕诉求展开调查，确认某市住建局具备履行判决的客观条件和能力。在充分沟通的前提下，检察机关组织召开协调会，督促某市住建局迅速立案，以履行判决义务。肖某等 3 人对处理结果给予充分认可，主动撤回执行监督申请，行政争议得到实质性化解。

个案化解后，某市检察院经进一步调查发现，某市住建局未按照相关管理规定认真审查建设工程竣工验收备案材料，在工程质量监管和工程验收备案环节履职不当，影响了众多购房者的切身利益，导致此类行政诉讼案件多发、频发。针对住建领域暴露出的监管漏洞，某市检察院向某市住建局提出检察建议，督促其强化工程质量监督管理职责，维护人民群众切身利益。住建局十分重视，组织力量对近 3 年来的工程质量监管投诉台账和项目竣工验收档案进行"回头看"，检查全市 23 个小区，发现问题小区 6 个，涉及 17 栋楼，修复问题 29 处。

**【意义】**

在行政诉讼管辖制度改革的大背景下，检察机关创新构建行政检察跨区域协作机制，通过"行政争议发生地检察院＋行政诉讼管辖地检察院"联动模式，实现信息共享、协同办案，监督行政机关及时履行判决义务，有力保障了司法公信力和权威性。同时拓宽监督视野，以个案为切入点，以数据为支撑，以检察建议为载体，开展类案监督，以"我管"促"都管"，推动住建领域普遍性问题解决，维护人民群众切身利益，促进社会和谐稳定，实现案结事了政和。

## 办案心得体会

## 打造一体化协作办案机制
## 在做实行政检察中倾力护航民生民利

陈 颖*

"肖某等3人与河北省某市住建局行政裁判执行监督案"获评2022年度十大行政检察典型案例，代表着最高人民检察院对保定检察机关工作的认可，也是保定检察机关全体行政检察人员勠力同心、履职担当的"检察产品"。现就该案件办理情况，谈以下三点心得体会。

**一、一体化办案机制，突破行政检察地域壁垒**

在行政诉讼审判管辖改革的大背景下，因地域等原因客观上给执行的及时性、便捷性带来了一些新挑战，也为检察机关依法监督人民法院行政执行工作提出新课题。在保定，行政诉讼案件实行异地管辖，并集中在6个基层法院办理，行政诉讼案件跨行政区域集中管辖的现状下，大部分管辖地检察院收到的监督申请所涉机关为异地行政单位。这也对检察机关协同办案提出了新要求。为应对此种情况，我们坚持"破题"思维，积极应对新情况新变化，全面贯彻"一体化"理念，在全市20个基层院构建实行了行政检察跨区域协作机制。

"行政争议发生地检察院+行政诉讼管辖地检察院"联动的行政检察跨区域协作机制，有效解决了行政检察监督案件，线索来源较为单一的现状。在保定市人民检察院主导下，两地检察机关通过横向发力，线索移送共享，一体化办案模式，强化争议发生地检察院职权职责等方法，优势互补合力开展工作，提高了办案效率，促进行政检察工作全面发展。该机制的建立开辟了促进依法行政、实质性化解行政争议和诉源治理的最佳路

---

\* 河北省保定市人民检察院第七检察部主任，一级检察官。

径，为肖某等3人与河北省某市住建局行政裁判执行监督案成功办理打下了坚实基础。

**二、依法能动履职，推进实质性化解行政争议**

办案中，我们始终坚持以人民为中心，能动履职，切实维护人民群众的合法权益；始终坚持以实质性化解行政争议为办案牵引，避免程序空转、促进案结事了政和。

行政争议实质性化解过程中，某区检察院收到监督申请后，及时听取了当事人意见并调阅裁判案卷，同时对争议化解可能性进行研讨评估。通过分析案情，了解当事人根本诉求，牢牢把握案件核心矛盾，充分运用跨区域争议化解协作机制，第一时间与争议发生地某市检察院沟通配合，启动化解程序。某市检察院主动肩负起属地责任，到行政机关了解情况并查阅相关档案，开展调查核实工作。在初步对接行政机关过程中，检察机关秉持双赢多赢共赢理念，加强释法说理，进一步强调争议化解的必要性、化解的效果和意义，进而打消行政机关的顾虑，争取行政机关的主动配合。

办案过程中，某区、某市两院办案干警重点围绕案件形成原因规范收集、固定证据，按照监督申请人反映的问题逐项实地走访，确认某市住房和城乡建设局具备履行判决的客观条件和能力。在全面了解案件事实基础上，两级检察机关召开当事人与行政机关面对面协调会，通过释法说理等方式，协商出最佳解决方案。该局按照商定的方案，迅速启动立案程序，积极履行生效判决确定的义务，切实履行相应的监管职责。肖某等3人对检察机关的处理结果给予充分认可，主动撤回了执行监督申请，行政争议得到实质性化解。

**三、强化"延伸类案监督"，更好实现司法为民**

行政检察应避免就案办案，办理案件的同时要关注案件背后"症结"，深入剖析行政机关在行政监管方面是否存在的普遍性、倾向性问题，促进诉源治理。

在肖某等3人与某市住房和城乡建设局执行监督案件得到解决后，我们并未止步，坚决贯彻习近平总书记关于"抓前端、治未病"的重要指示精神，依法能动履职，强化类案监督，主动开展同类问题摸底排查工作。

通过将同年度、同类型案件的判决结果进行数据比对发现，某市住房和城乡建设局未按照相关管理规定认真审查建设工程竣工验收备案材料，在工程质量监管和竣工验收备案等环节存在监管漏洞，影响了众多购房者的切身利益，导致此类行政诉讼案件多发、频发。为维护人民群众合法权益，某市检察院本着促进政府相关部门依法行政、依法履职的初衷，针对该领域存在的突出问题，制发了社会治理类案检察建议，督促行政机关对住建领域暴露出的监管漏洞，强化工程质量监督管理职责，全方位筑牢工程建设安全底线，最大限度地保护人民群众的生命、财产安全。检察建议发出后，某市检察院全程跟进监督，有针对性地指导住房和城乡建设局抓好检察建议的落实。某市住房和城乡建设局接到检察建议后立即组织召开专题会议，深入剖析原因、研究制定对策、逐项对照整改，并联合检察机关在工程质量监管和竣工验收领域开展专项整治行动，组织精干力量集中对近3年来的工程质量监管投诉台账和项目竣工验收档案进行"回头看"。地毯式检查23个小区，发现问题小区6个，涉及17栋楼，修复问题29处，惠及小区住户160余户，一揽子解决了居民小区存在的工程质量问题，有效化解了潜在矛盾纠纷，以"我管"促"都管"，推动住建领域规范化建设，最大限度地实现了政治效果、法律效果、社会效果的有机统一。

本案获评2022年度十大行政检察典型案例，有赖于最高人民检察院和河北省人民检察院的有力领导，有赖于各位专家学者的科学评价和悉心指导。保定检察机关将以此为契机，进一步加大工作力度，坚持行政检察与民同行，全面深化行政检察监督，守正创新、踔厉奋进，为行政检察贡献更多的保定方案、保定经验。

## 专家点评

## 以穿透式监督促进行政机关依法履职的生动典范

罗智敏*

该案体现了以下四方面的重要意义：

首先，行政检察跨区域协作机制提高了执行监督效率。该案中，发生法律效力的判决是某市中级法院作出的，执行法院是一审法院即某区法院。由于该市行政案件实行异地集中管辖，一审行政案件由某区法院管辖。该案被告是某市住建局，争议发生地是某市，具有执行监督管辖权的检察机关是某区检察院，其在收到执行监督申请后，邀请行政争议地某市检察院协助办理该案，合力开展工作，最终化解了争议。同一省跨市甚至跨省的检察机关跨区域协作机制，在整合区域优势、创新合作、提高司法效率等方面发挥了积极作用。

其次，该案较好实现了行政争议实质性化解。为了避免行政诉讼程序空转，最高人民检察院 2021 年公布的《人民检察院行政诉讼监督规则》将推动实质性化解行政争议作为行政诉讼监督的基本任务。该案中，市、区两级三地检察机关经沟通协调、释法说理，某市住建局启动立案程序，履行了监管职责，肖某等监督申请人主动撤回执行监督申请，行政争议得到实质性化解。

再次，该案体现了检察机关的穿透式监督。检察机关在化解肖某等人的争议后没有止步，而是主动追根溯源，进行类案监督，利用大数据排查，结合调查核实中发现的该市住建局存在的监管漏洞，向该市住建局发出社会治理检察建议，该市住建局组织专项活动进行整改。这种穿透式监督对于促进法治政府建设起到了积极推动作用。但是，该案在监督方面可能还可以再进一步深入。住建局尽管在收到检察建议后积极履职，但其因不作为导致的众多老百姓利益受损，是否需要承担责任，承担什么责任，

---

\* 中国政法大学法学院教授、博士生导师。

这可能是以后行政检察监督需要思考的一个问题。

最后，该案也提供了一个新的研究课题，即法院的判决谁来保证执行。该案属于行政裁判执行监督，与其他行政诉讼执行监督还有些不同，应属于检察机关针对行政机关违法行为进行监督的案例。该案起因是肖某等人对某市住建局不履行法院判决，向某区法院请求强制执行，但该区法院不予立案，因此该案直接涉及的问题是《人民检察院行政诉讼监督规则》第111条第1项规定的"对依法应当受理的执行申请不予受理又不依法作出不予受理裁定的"问题的监督。该案中某区检察院联合某市检察院对当事人双方进行了争议化解，督促住建局履行判决义务，肖某撤回了监督申请。但某区检察院并没有对该区法院发出检察建议或要求其解释说明。在类似的案件中，是检察机关向法院提出检察建议，由法院督促行政机关执行判决，还是检察机关直接向行政机关提出检察建议？该案带来关于谁来保证法院判决执行的新课题，值得思考。

## 人大代表政协委员点评

## 检察机关积极履行行政检察监督职能
## 用心用情办好涉民生案件

武春虎[*]

近日，在《人民检察》杂志和其他媒体上看到了某市人民检察院办理的"肖某等3人与河北省某市住建局行政裁判执行监督案"被评为2022年度十大行政检察典型案例。某市人民检察院始终把老百姓的利益放在首位，努力办好群众身边"小案"，让人民群众有了更深的司法获得感。据了解，为了行政案件得到公正处理，行政诉讼案件都由异地法院管辖，这种制度对保障案件公正处理起到了积极作用，但同时也对检察监督工作的开展带来了不利影响，检察机关建立的行政检察跨区域协作机制，本人认为很好，值得点赞，该案的成功办理为老百姓实实在在地解决了困难。

检察机关在个案办结后，还不忘"举一反三"对其他人民群众是否存在类似问题进行调查并积极查找产生问题的原因。对发现行政机关在行政监管方面存在的共性问题，及时履行监督职责，从根本上有效化解了潜在矛盾纠纷，促进了相关问题解决，在监督行政机关依法行政的同时，推动解决了人民群众的操心事、烦心事、揪心事，让人民群众在每一起行政检察监督案件中对公平正义的感受也越来越深。

---

[*] 第十四届全国人大代表，北方凌云工业集团有限公司凌云股份中央研究院项目工程部试制班工段长。

## 3. 吉林省某市检察院督促医保局落实见义勇为医疗保障制度案

**【关键词】**

检察建议　见义勇为　医疗保障　司法救助

**【案例简介】**

2021年8月，某市居民丁某某（73岁）发现犯罪嫌疑人程某某用刀攮伤邱某某后，挺身而出、主动施救邱某某也被犯罪嫌疑人程某某用刀刺成重伤。2021年11月，经某市见义勇为评审委员会审议确认丁某某的行为为见义勇为。犯罪嫌疑人案发后死亡，其没有财产可供赔偿。丁某某受伤后，花费10万余元，多次在医院治疗。丁某某家属几次向某市医保中心申请报销医疗费用，医保中心因丁某某的伤情是第三人加害且无法向第三人追偿不符合医保报销条件，对其医疗费用未予报销。

某市检察院在开展"全面深化行政检察监督　依法护航民生民利"专项活动中发现该案线索，认为市医保局作为辖区内社会保险管理部门，可能存在履行职责不到位的情形，遂启动行政检察监督程序。某市检察院审查认为，根据国务院办公厅转发民政部等部门《关于加强见义勇为人员权益保护的意见》，见义勇为负伤人员，因紧急救治发生的医疗费用，无加害人或责任人以及加害人或责任人逃逸或者无力承担的，应按规定通过基本医疗保障制度解决。本案中，丁某某见义勇为后身受重伤，花费10万余元。犯罪嫌疑人案发后死亡，其没有财产进行赔偿。某市医保局应当落实对其医疗保障措施。遂向某市医保局提出检察建议，并进行公开宣告送达，建议其健全完善医疗保障制度机制，及时报销本案见义勇为人员医疗费用。

为推动检察建议的落实，某市检察院召开公开听证会，邀请人大代表、政协委员等参加听证会并发表意见。与会人员一致认为，医保局应当落实国家对见义勇为人士的保障措施政策，及时为本案见义勇为的老人报销医疗费用。医保局表示采纳检察机关的意见，立即研究落实检察建议内容。

承办检察官帮助老人整理医疗费用票据，积极与医保中心进行联系，督促医保部门尽快报销医疗费用发放到丁某某手中，实现救急救早。某市检察院考虑到丁某某年事已高，后续需要多次到医院治疗，仅靠退休工资无力支付养老院费用和治疗费用，遂帮助丁某某依法申请司法救助，给予司法救助金 2 万元。

**【意义】**

国家对公民在法定职责、法定义务以外，为保护国家利益、社会公共利益和他人人身、财产安全挺身而出的见义勇为行为，依法予以保护，对见义勇为人员的合法权益，依法予以保障。落实见义勇为人员权益保护政策措施包括对于加害人无力承担的医疗费用，国家要按规定通过基本医疗保障解决的制度。检察机关通过制发检察建议督促行政机关落实见义勇为人员权益保护的政策措施，弘扬社会主义核心价值体系，倡导良好社会风尚。

## 办案心得体会

### 坚守为民初心　传递检察温度

邱三楚　刘晓娟[*]

这是一起行政违法行为监督案件，通过督促行政机关依法行政，解决了见义勇为老人医疗费用报销问题。办理本案过程中，最深的感悟就是我们要用心用情办好为民事、暖心事，努力让人民群众在每一起司法案件中感受到公平正义。

一是主动履行职责，拓展监督领域。在新时代"四大检察"法律监督格局下，行政检察应主动担当作为，充分运用法律赋予的职权，以办案为中心，在办案中监督，在监督中办案，时刻不忘行政检察"一手托两家"职责，一方面勇于监督人民法院司法公正，另一方面积极促进行政机关依法行政。一位年过七旬的老人，在他人有危险的时刻，毫不犹豫挺身而出制止犯罪，自己受伤致重伤二级，老人的勇敢和善良令人感动。在得知加害人病故，没有财产可供赔偿，而医保部门对见义勇为老人大额医药费不予报销后，我们就反复在想，我们能为见义勇为老人做些什么？我们行政检察能为这样的见义勇为者做些什么？要弘扬社会正气，不让英雄流血又流泪！如果本案中医保部门有违法行政行为，或者工作中有待加强改进之处，我们行政检察人就要积极作为，践行行政检察的使命。

二是注重调查核实，奠定监督基础。在办理行政检察监督案件时，检察官必须改变传统的"坐堂办案"的模式，坚持审查和调查相结合，用好法律赋予检察机关的调查核实权，查清案件事实，为监督工作打好基础。案件受理后，承办人调取了刑事侦查卷宗，走访刑事案件侦查人员，详细了解老人见义勇为的过程、加害人去世原因及财产情况，到老人治疗的医院了解老人伤情程度、家庭情况及治疗费用等相关问题，调取老人见义勇

---

[*] 邱三楚，吉林省磐石市人民检察院党组书记、检察长，三级高级检察官；刘晓娟，吉林省磐石市人民检察院第四检察部副主任，二级检察官。

为的证明材料，为案件处理奠定了事实基础。

三是深化精准监督，提高监督质量。最高检明确要求要深化"精准监督"，把监督重心放到提质量、增效率、强效果上来，全面提升法律监督质量和效果，更好维护司法公正。本案中，要实现精准监督，必须找准法律依据，《民法典》第183条规定，见义勇为人员受到损失的，由侵权人承担责任，受益人可以适当补偿。没有侵权人或者侵权人无力承担的，见义勇为人员请求补偿的，受益人应当适当给予补偿。本案中，加害人已经病故，且无赔偿能力，受益人经济困难，见义勇为老人也未请求受益人补偿，故本案情形不适用该条规定。国务院办公厅转发的民政部等部门《关于加强见义勇为人员权益保护的意见》中明确规定"对于见义勇为负伤人员，无加害人或责任人以及加害人或责任人逃逸或者无力承担的，按规定通过基本医疗保障制度解决"。本案情节与该规定一致。我们依据此规定向行政机关制发了检察建议，既指出了行政机关履职不当之处，也为其依法解决问题指明了方向。

四是坚持上下联动，提升监督质效。检察机关要注重发挥一体化优势。上级检察院发挥指挥、协调、督导作用，下级检察院发挥熟悉当地情况、就近开展工作的优势，上下级检察院齐心协力，共同做好工作。本案中，我院全面深入地了解案件情况，围绕案件中的关键问题进行调查核实，并就案件情况及时向上级院对口业务部门领导、业务骨干请示汇报；上级院及时对案件进行指导。通过上下联动，合力解决突出问题，运用检察建议手段维护见义勇为人员合法权益，着力提升行政检察监督质效，取得较好的监督效果。

五是践行司法为民，促进争议化解。司法为民是检察工作中的永恒主题。坚持以人民为中心，就是要在办案中重视和回应当事人的合理诉求，保护其合法权益，努力践行习近平总书记提出的让人民群众在每一个司法案件中都感受到公平正义。本案中涉及的是见义勇为人医保费用无法报销的问题，检察机关在这起案件未进入诉讼程序时及时出手，通过检察建议和公开听证的方式，开展法律监督，行政机关接受检察机关的建议，依法为见义勇为老人解决医疗费用。检察机关还通过司法救助解决了老人的实际困难，维护公平正义的同时向社会传递了正能量和司法温度。

六是发挥检察智慧，实现共赢效果。办理每一件行政检察监督案件，都要充分发挥检察智慧，追求人民群众满意、行政机关认可的双赢多赢共赢的办案效果。本案中,我们积极担当,双向沟通,充分发挥检察机关的桥梁纽带作用。为取得行政机关对检察建议的认可,我们向行政机关详细解读建议的依据以及理由,并向其说明见义勇为老人伤势重,医疗费用较大,加害人病故且无财产赔偿等具体情况,行政机关对老人的壮举表示敬佩且同意并支持检察机关的意见,及时为老人报销了医疗费用,使得本案涉行政争议依法妥善解决,实现了案结事了。本案的办理,一方面解决了见义勇为人员实际困难;另一方面又帮助行政机关准确把握相关政策,为解决此类问题提供了可借鉴、可复制的方案,真正达到了双赢多赢共赢。

时代是出题人,检察官是答题人,群众是阅卷人。我们将始终坚持人民检察为人民的初心使命,积极担当作为,加强学习和历练,提升能力素质,采取有力措施将做实行政检察落到实处,着力解决人民群众的操心事、烦心事、揪心事,努力让人民群众在检察监督中有实实在在的获得感、幸福感、安全感。为实现依法治国、促进国家治理体系和治理能力现代化贡献行政检察智慧和力量,交出行政检察人更完美的答卷。

## 专家点评

## 见义勇为 大道至简

薛 峰[*]

友善互助、见义勇为是社会文明的标志。在该案的办理过程中，检察机关发挥了维护社会公平正义和监督行政机关依法行政、实质解决行政争议的重要作用，实现了政治效果、法律效果和社会效果的有机统一。

第一，立足法律监督，推进法治建设。见义勇为是不顾个人安危，通过同违法犯罪行为做斗争或抢险、救灾、救人等方式，保护国家、集体利益或他人人身、财产安全的行为。见义勇为行为充分体现了社会主义核心价值观，也展示了中华传统美德。民法典通过对有关见义勇为行为责任分担、免责等规定，彰显对见义勇为的鼓励。政府相关部门也陆续出台政策，提倡并保证见义勇为者因见义勇为而受到的损害能够得到补偿，以此来鼓励见义勇为行为，杜绝英雄流血又流泪。该案入选2022年度十大行政检察典型案例是一次正能量的完美展示。检察机关通过个案监督方式促使国家政策在一线落地落实。对于见义勇为人的医疗保障问题，国务院办公厅转发的民政部等部门《关于加强见义勇为人员权益保护的意见》中明确规定，对见义勇为人员及其家庭的生活困难给予必要帮扶；无加害人或责任人以及加害人或责任人逃逸或无力承担的，按规定通过基本医疗保障制度解决。从该案的源起看，这些规定并没有及时落实，导致见义勇为者丁某某的医疗费没有及时报销。检察机关及时制发检察建议，通过监督督促有关行政机关建立相应的制度，不仅使丁某某的个案得到圆满解决，同时促使国家对见义勇为者权益保护政策真正在基层落地落实，实现了办理一个案件解决一类问题的效果。

第二，立足"以人为本"，践行为民服务。"为众人抱薪者，不可使其冻毙于风雪。"该案的意义绝不仅在于被救助者，而更在于对整个社会的

---

[*] 北京金融法院副院长。

重大意义。检察机关通过主动作为的方式将行政争议化解在萌芽状态，避免了矛盾加剧。该案中，检察机关发现医保局怠于履行职责时，及时制发检察建议，有效解决了问题，促进社会依法治理。

第三，立足解决争议，协同各方力量。该案办理过程中，检察机关为了实质解决争议，通过邀请人大代表、政协委员等参加听证会并发表意见的方式，提升检察建议的权威性和专业性，更有利于医保局接受检察建议。在解决老人医疗费问题后，检察机关用司法救助的方式切实解决了见义勇为老人的实际困难，向社会传达了检察正能量和检察温度。

典型案例的发布，有助于促进执法标准统一。见义勇为人丁某某的情况在全国并非个例。该案例的发布能为全国范围内此类问题的解决提供参考，也可避免同样的问题重复发生，对于守护民心和推动国家治理能力现代化意义重大。

## 人大代表政协委员点评

## 以能动履职温暖见义勇为者

初建美[*]

吉林省某市检察院督促医保局落实见义勇为医疗保障制度案，初看来是一个落实国家见义勇为政策的简单案件，但是仔细品味，却是一个非常有特殊意义的案例。

第一个特殊，在于"这个人"，他是一位73岁高龄还敢见义勇为的人，这种勇气和正气特别珍贵，检察机关帮助了他，实现了"为众人抱薪者，不可使其冻毙于风雪"，弘扬了社会主义核心价值观，倡导了良好社会风尚，可以说是用检察监督温暖了"勇敢的心"。

第二个特殊，在于"这个事"，检察机关通过个案监督方式促进国家对于见义勇为人士医疗费报销的政策真正在基层落地落实，为同类问题的解决提供参考，对于守护民心和推动国家治理能力现代化意义重大。

第三个特殊，在于"这个阶段"，检察机关发现的争议尚在早期和萌芽阶段，避免了让见义勇为的老人走上行政复议、行政诉讼的道路，及时阻断了矛盾进一步加剧，用检察速度体现了检察温度。

第四个特殊，在于"这个结果"，检察机关通过"府院联动"机制，既维护了见义勇为者的合法权益，又回应了社会各界对于公平正义的新期待，既促进了行政机关履职能力的提升，又实现了检察监督提升社会治理现代化水平的目的，取得了"双赢多赢共赢"的结果。

---

[*] 第十三届全国人大代表。

# 4. 严某等诉上海市及某区规划和自然资源局撤销验收合格证监督案

**【关键词】**

竣工规划验收　停车位　一揽子化解　检察建议

**【案例简介】**

2017年3月，严某及严某某共同购买了某联排别墅，后上海某区规划和自然资源局作出建设工程竣工规划验收合格证。2018年10月，严某二人收房后，发现地下室入户门的出行通道被设置成停车位，妨碍正常进出。严某二人要求撤销验收合格证被行政机关拒绝，申请复议被维持后提起行政诉讼。上海某区法院以验收合格证属于涉及业主共有利益的行政行为，严某二人仅以自己的名义提起诉讼不具备原告资格为由，裁定驳回起诉。严某二人提出上诉、申请再审均未获支持，遂向上海市检察院某分院申请行政检察监督。

检察机关审查认为，本案实质是随着人民生活水平提高，家用汽车普及，人们对住宅小区规划建设提出了更高的安全性、便捷性要求。本案中，法院生效裁定以严某二人不具有行政诉讼主体资格为由驳回起诉，最高人民法院《关于适用〈中华人民共和国行政诉讼法〉的解释》第18条规定业主委员会可以自己的名义提起诉讼，但并不意味着当业主专有部分合法权益受到损害时，业主就不能以自己的名义提起诉讼，《民法典》关于业主建筑物区分所有权的保护价值应当溢出到公法。考虑到严某二人的实质诉求是解决"堵门"问题，即使抗诉也难以解决当事人之间的争议，还可能对业主办理产权证书带来不利影响，同时了解到严某二人因车位堵门拒交物业费引发物业纠纷，正向某区检察院申请民事检察监督，分院决定与区院合力一揽子化解"行民"争议。最终严某二人与开发商、物业公司达成和解协议，以优惠价格购得堵门车位，撤回行政、民事监督申请。行政机关、相关企业还采用本案争议化解方案解决该小区类案诉讼。同时，检察机关依靠勘查获取的数据、向建设部国家标准制定专家及最高检专家库成员咨询获取的专家意见，针对地方性城市停车规范标准滞后于人民群众现实新需求的情况，向行政机关发出检察建议并抄送相关单位，建议提升停车库设计合理性与安全性，提高技术标准规范，均获得采纳及落实。

**【意义】**

当行政行为因规范性文件的滞后，已经不能满足人民群众日益增长的新需求时，检察机关应当充分发挥行政监督职能，既要探索何种方式能获得案件办理的最佳政治效果、法律效果、社会效果，通过一揽子化解行民争议，解决老百姓家门口的"出行困难"问题；同时也要挖掘《民法典》的公法价值，推进国家治理体系和治理能力现代化，通过检察建议促进行政机关提高规范性文件制定标准。

📝 **办案心得体会**

## 一揽子化解行民争议 检察建议促进社会治理

王 卓 陈 曦[*]

《建筑工程交通设计及停车库（场）设置标准》已经修订的消息传来，我们既兴奋又忐忑，迫不及待地想要查看即将实施的新标准。兴奋的是原有的《建筑工程交通设计及停车库（场）设置标准》（2014 年版）（以下简称《停车库标准》）在停车位设置与入户通道的关系上忽视了停车泊位规划与交通设计的合理性问题，如果新标准修订，那么这一类问题就可以通过这次修订统一解决。但忐忑的是，新标准的修订部分到底有没有涉及此问题？有没有采纳检察建议的意见？此类问题能不能得到解决？迅速查看新法规，直到看到"停车位设置……不宜影响入户通道……"的规定，我们悬着的心才安定了下来。

### 一、案情简单，案子却不简单

收到一件新案子，按照惯例我们先查看收到的材料，很薄的一本，迅速翻阅案卷，大致浏览案情。严某及严某某父女二人在购买某小区联排别墅收房后，发现地下室入户门的出行通道被设置成停车位，妨碍正常进出，向某区规划和自然资源局提出撤销竣工规划验收合格证申请，该局予以拒绝。严某二人向上海市规划和自然资源局申请行政复议，未获支持，故提起行政诉讼。一审法院认为，验收合格证属于涉及业主共有利益的行政行为，严某二人仅以自己的名义提起诉讼，不具备原告主体资格，裁定驳回起诉。严某二人上诉、申请再审均被法院驳回，遂向检察机关申请监督。

案情看似很简单，寥寥几句话就可以描述清楚，但是案子却存在很多疑问。行政机关作出的行政行为不仅涉及业主共有利益，业主的专有部分

---

[*] 王卓，上海市人民检察院第一分院第五检察部副主任；陈曦，上海市人民检察院第一分院检察官助理。

合法权益也因此受到损害。这种情况下，业主也不能以自己的名义提起行政诉讼？对最高人民法院《关于适用〈中华人民共和国行政诉讼法〉的解释》第18条规定应该如何理解？该小区内还有多少户业主存在相同情况？检察机关即将采取的处理方式会不会影响全体业主产权证书的办理？带着这些疑问，我们决定先做好案件的基础性工作。

### 二、调查核实，夯实案件基础

要想办好案子不能只关注卷宗内记载的内容，更要关注卷宗内没有记载的内容。全面了解案件背景情况，知悉当事人实际诉求，掌握是否存在关联案件及其进展情况对于真正解决百姓急难愁盼问题有着重大意义。

为了更好地处理本案，接下来我们开展了全方位的调查核实工作。通过调阅卷宗、大数据搜索、询问当事人等方式了解到严某父女主要因停车位影响地下室入户门处的正常出行问题提起行政诉讼与民事诉讼，两人就物业费民事诉讼同时向上海市检察院某区院申请监督，其实质诉求是解决停车设施妨碍出行问题，并不想因撤销规划验收合格证而影响房屋产权证书的办理。该小区其他业主亦因停车位影响出行问题提起另外十几件行政、民事诉讼。为了更全面地了解涉案小区停车位设计真实情况，我们实地走访涉案小区，统计汇总小区各类问题车位情况及占比。同时向参与制定住建部《城市停车设施建设指南》的建筑设计专家及最高检专家咨询网的法学专家分别咨询，分析本案中存在的建筑标准制定问题、法律问题。

案件的基础性工作已经扎实完成，但是案件接下来怎么处理却让我犯了难。行政机关依据现有停车规范标准颁发竣工规划验收合格证并无不当，即使抗诉后本案进入实体审理，严某父女的堵门车位问题依然无法得到解决。怎么做才可以实质化解行政争议，使严某父女的心病甚至是整个小区的堵门车位矛盾彻底得到解决呢？我们想这个案子还是要多做一点，再多做一点。

### 三、公开听证，合力化解争议

办理行政案件不能只是分析案件中的法律问题，单纯地就案论案，更要争取案件办理能取得良好的社会效果。考虑到严某二人因车位堵门拒交物业费引发物业纠纷，正向某区检察院申请民事检察监督，在市院指导下，我们决定联系区院民事案件承办人，实现分院、区院一体化办案，合力一揽子化解"行民"争议。我们与区院承办人共同走访行政机关，多次与当事人、小区开发商、物业公司沟通，并举行公开听证会，邀请各方主体参加，最终严某二人与开发商、物业公司达成和解协议，以优惠价格购得门前车位，撤回行政、民事监督申请。行政机关、相关企业还采用本案争议化解方案解决该小区类案诉讼。

让严某父女忧心的堵门车位问题解决了，同小区的同类矛盾也有了解决方案，但我们深感本案仍未结束。从监督行政机关依法行政的角度来看，本案实质是随着人民生活水平的提高以及家用汽车的普及，人们对住宅小区规划建设提出的安全性、便捷性要求与现有停车库建设标准不能满足人民群众现实需求之间的矛盾。那检察机关能否通过对本案的监督提高停车库设计的技术标准规范，从根源上解决小区停车库不合理设计问题？如果能以向行政机关制发检察建议的方式促进社会治理，那就是为老百姓办了更大的实事。

**四、检察建议，促进社会治理**

办理行政案件不能流于形式，而是应该抓住案件矛盾的本质。"堵门"车位引发矛盾的实质是行政行为因规范性文件的滞后已经不能满足人民群众日益增长的新需求。一方面，作为国家标准的《城市停车规划规范》为满足普适性着眼于最低安全标准；另一方面，2014年9月1日起施行的上海市工程建设规范《停车库标准》中没有对新情况、新问题进行相应修订。

对此，我们采取以检察机关向行政机关制发检察建议的方式参与社会治理。依托向建设部专家咨询获取的专家意见，建议以人民为中心，提升停车库设计合理性与安全性，转变只考虑满足小区配建停车位指标、忽视停车泊位规划与交通设计合理性及安全性的理念，提高技术标准规范。行政机关及时将检察建议向上级机关及主要负责停车库审查的机关汇报、通报后，促成地方性标准规范更新。《停车库标准》经修订，增加"停车位设置……不宜影响入户通道……"的要求。至此，我们的心才真正放下，该案的办理做到了在行政检察履职中"一手托两家"，取得了良好的社会效果。

行政检察工作涉及的大部分都是百姓身边的小事，这些事也许并不惊心动魄、轰轰烈烈，但是却实打实地关系到老百姓的切身利益。深挖每一件行政案件，把小事做大，努力实质化解行政争议，以案促改，发挥行政检察职能积极参与社会治理，这也是我们行政检察人的价值所在。

## 专家点评

### 用好行政检察　助力国家治理现代化

吕艳滨\*

该案无论对于行政检察，还是对于法治政府建设，都具有示范意义。

首先，从办案过程来看，有以下几个特点。一是体现了检察机关的能动性。该案中，检察机关坚持以人民为中心，能动履行检察职责，努力解决群众急难愁盼，有效化解矛盾纠纷，维护了党和政府及法治的权威。二是体现了灵活性。面对一个看似于法有据的行政审批决定，检察机关既没有机械地照搬现行规定，也没有不讲原则地偏袒一方，而是充分考虑到社会发展、群众合理诉求等因素，在法律框架内辩证、发展地提出了解决方案。三是具有显著的示范性。检察机关立足一个案件中群众合理诉求的解决，着眼于一类问题的预防和化解，推动了相关标准的完善，为行政检察服务经济社会高质量发展、服务共建共治共享社会治理格局提供了样本。四是呈现了精细化的办案模式。在办案中，检察机关站在当事人、小区业主、物业公司、主管行政机关角度，多方听取需求建议、反复调查论证，形成的结论论述详尽、材料翔实，让人心服口服，最终给出了多方满意和接受的解决方案，维护了群众合法权益。

其次，该案为行政管理工作提供了一系列有益的启示。一是推动有效预防和实质性化解纠纷是政府履职的目标之一。依法行政不是机械照搬现有的法律法规，而是要切实解决现实问题，依法科学合理地调适好法律关系。从该案办理中可以看出，如何正确理解法条规定，如何理解诉的利益、原告资格，关涉到案件如何处理。如果只是固守"死"的法条而不能兼顾广泛甚至潜在的利害关系人的处境，很难化解矛盾纠纷。二是高效适应经济社会发展是政府管理的重要课题。相对于立法权、司法权，行政权具有灵活高效的优势，政府部门如何更准确地捕捉经济社会发展脉搏，更

---

\* 中国社会科学院法学研究所研究员、法治国情调研室主任。

快速地研究应对措施、调整治理手段与模式，这是建设中国式现代化过程中必须过的一道关。三是及时解决人民群众的急难愁盼是"放管服"改革亟须关注的问题。放不是放得越多越好，不是放了就不管，不是只批不管。如何切实解决急难愁盼、回应社会关切，将是"放管服"改革不可忽视的问题。

最后，对检察工作提几点建议：一是进一步深化检务公开，加大宣传力度，扩大检察案件的知晓度，让更多的老百姓知道检察院在做什么，如何寻求救济，维护自身权益。二是提升感知能力，更加积极主动履职。检察机关应通过数据共享、各类投诉举报平台，提升对案件来源的感知判断力，变坐在机关等案件为能动履职，这是司法体制综合配套背景下，检察机关应当担起的责任。三是"变救火为防火"，助力社会治理。应通过十大典型案例的评选，实现每解决一个案件，就推而广之优化一项制度、造福一地一类人群，推动良法善治。

## 人大代表政协委员点评

## 一揽子化解行民争议　检察建议促进社会治理

汤　亮*

随着经济社会发展与人民生活水平的提高，家用汽车日益普及，因住宅小区规划建设相关标准滞后、车位设置不合理等因素导致的行政诉讼逐渐出现。本案中，严某二人因其所购房产地下室入户门出行通道被设置成停车位，妨碍正常进出，在申请政府部门撤销小区竣工规划验收合格证被拒绝、申请复议被维持后，提起行政诉讼。本案实质体现了居民对住宅小区规划建设提出的安全性、便捷性要求与现有停车库建设标准不能满足人民群众日益增长的新需求之间的矛盾。处理本案既需要解决车位"堵门"的个案难题，亦需要对相关规范性文件的滞后性提出妥善解决方案，考验着检察机关的办案能力与司法水平。

在本案办理过程中，检察机关秉持既要维护司法公正，又要监督和促进依法行政，即"一手托两家"的履职理念。一方面，细致梳理案情，抓住解决车位"堵门"问题的根本矛盾，采用分院、区院一体化合力办案的方式。经过与案件当事人、小区开发商、物业公司等相关主体的耐心沟通并举办公开听证会，检察机关促成案件当事人与开发商、物业公司达成和解协议，以优惠价格购得门前车位，撤回行政、民事监督申请，实现了一揽子化解"行民"争议的办案效果。另一方面，通过实地走访涉案小区统计汇总小区各类问题车位情况及占比，向行业与法律专家咨询车位设置相关问题等方式，形成并向主管行政机关制发了关于住宅车位设置标准规范的检察建议，相关意见得到采纳。上海市《建筑工程交通设计及停车库（场）设置标准》经修订后，已增加"停车位设置不宜影响入户通道"的规定，案件办理结果实现了通过履行行政检察职能积极参与社会治理的良

---

\* 第十四届全国人大代表，奥盛集团有限公司董事长，无党派人士，经济学博士，中国社科院数量经济与技术经济研究所博士后，享受国务院政府特殊津贴专家，上海领军人才。

好效果。

　　本案的依法高效圆满处理,是检察机关深入贯彻习近平法治思想,推动行政检察工作高质量发展的生动体现。深挖案件背后的法律和社会问题,努力实质化解行政争议,实现以案促改,方能真正实现"一手托两家",不断提升行政检察质效,以检察工作现代化服务中国式现代化。

# 5. 江苏省南通市检察机关促进问题企业注销登记专项治理案

**【关键词】**

恶意注销　大数据赋能　系统监督　社会治理

**【案例简介】**

南通市检察机关在办理江阴某金属矿砂公司安全生产违法非诉执行监督案、南通市某磷肥厂环境违法非诉执行监督案等一系列"恶意注销"案件中，发现问题企业通过注销登记逃避法律责任问题存在于行政处罚、行政非诉执行程序，以及刑事诉讼、民事诉讼、仲裁、执行等各个执法司法环节，严重影响行政和司法权威，损害国家和社会公共利益。遂决定在全市范围内开展恶意注销专项监督。

南通市检察机关利用大数据赋能，对全市 5000 余条涉案企业注销数据及对应上万条法院裁判、执行文书、检察文书、行政处罚等信息进行数据碰撞、筛选，发现各类型案件线索 141 件。南通市检察机关发挥一体化履职优势，对发现案件线索逐一审查研判，通过交办、提办等方式精准监督，全市立案监督 51 件，发出执行监督检察建议 22 件，行政违法行为监督检察建议 22 件，审违检察建议 5 件，再审检察建议 2 件。

针对专项监督中重点领域治理漏洞，检察机关创设《企业涉案情况告知函》，函告涉案企业注册地行政审批部门企业涉案信息，提醒及时关注涉案企业重大事项变更情况。通过召集辖区行政执法、行政审批部门召开联席会议、会签文件、向党委政府专项报告等形式，堵塞恶意注销漏洞，推进社会治理。

**【意义】**

商事登记制度改革是优化营商环境的重要举措，但少数问题企业却意图通过注销登记以逃避法律责任履行，扰乱了市场经济秩序。检察机关依法精准监督，有效规制企业"恶意注销"行为，维护国有资产及第三人合法权益。案件办理中树立系统思维，坚持从个案监督、类案监督到社会治理的履职路径，立足个案办理经验，梳理研判"恶意注销"多发易发环节，通过大数据赋能，高效整合挖掘监督线索，推动实现专项监督。通过穿透式监督发现社会治理难点堵点和执法司法"病灶"，抓实溯源治理。通过联席会议、会签文件、专题报告等多种形式，推动恶意注销专项治理，优化法治化营商环境，营造诚实守信社会氛围。

### 办案心得体会

## 依法能动　以个案办理促协同共治

何启明　陈艳红　徐南楠*

2023 年初春，南通市检察机关通过专项活动，推动建立的《关于加强市场主体行政执法司法信息共享和衔接配合的工作意见》进入会签下发环节；南通市检察院行政检察首册专案白皮书已编印成册；还有来自最高检的好消息，江苏省南通市检察机关促进问题企业注销登记专项治理案被评为"2022 年度十大行政检察典型案例"，并于 2 月 19 日在北京对外发布。

机制建立、白皮书成册、案例获奖有肯定、有欣慰、亦有惊喜。但为期长达一年的案件办理过程中的点点滴滴更值得回味、反思与总结。

"不存在的公司也能做原告？"2021 年底，外卖小哥张某某因与某网络公司劳动争议纠纷案向南通市检察院申请监督，这是问题企业注销登记首次进入我们的视野。该案中，张某某经仲裁确认了其和网络公司之间存在劳动关系，却随后被早已注销的网络公司诉至法院，法院作出相应裁判。2022 年初，两家基层检察院接连向市检察院汇报：崇川区检察院在办理江阴某公司行政非诉执行监督案中，发现该公司因安全生产事故，被应急管理部门立案调查后、作出行政处罚决定前，注销了公司登记，330 万元罚款决定被法院裁定不予执行。通州湾检察院提起公诉的某塑业公司涉嫌假冒注册商标一案，该公司在第一次庭审后 7 日，在公司注册地被核准注销登记，致单位犯罪主体不适格，刑事诉讼程序受阻。

接二连三的"公司注销"引起了我们的高度关注。

### 一、成功办理个案为专项治理奠定"共赢"基础

上述案件中，我市检察机关调查查明，涉案公司明知正处于执法司法

---

* 何启明，江苏省南通市人民检察院副检察长、二级高级检察官；陈艳红，江苏省南通市人民检察院第六检察部主任、四级高级检察官；徐南楠，江苏省南通市人民检察院第六检察部副主任。

程序中，利用行政执法、司法机关与行政登记机关之间信息衔接不畅，隐瞒涉案情况，骗取注销登记，构成恶意注销。张某某劳动纠纷监督案中，市检察院审查认为该网络公司不具备诉讼主体资格，遂向法院发出再审检察建议。法院采纳再审检察建议，再审裁定撤销原审裁判，驳回该网络公司起诉。江阴某公司行政非诉执行监督案中，崇川区检察院向行政审批局、执行法院发出检察建议，撤销了该公司注销登记，在公司主体身份恢复后，重启行政处罚执行程序。某塑业公司涉嫌假冒注册商标案中，通州湾检察院建议当地行政审批局撤销公司注销登记，保障刑事诉讼程序顺利进行。

三个不同领域均有问题企业注销登记情形，是偶然现象吗？我们对全市行政处罚非诉执行裁定文书以"注销"等关键词进行检索，即发现了40余条因被执行对象注销致使执行程序终结案件，涉及1000余万元罚款未能执行到位，国家利益和执法权威持续受损。而前述案件也是当事人在穷尽法律程序无果后，进入检察监督环节。开展专项监督具有现实意义和必要性，亦是推动我市行政检察工作由"被动"到"依法能动"、由"碎片化办案"向"系统性治理"转变的契机。我们对问题企业注销登记依法监督，也得到法院、行政机关的认可与支持，开展专项治理亦具有"共赢"基础。2022年3月，南通市检察院随即部署在全市开展问题企业注销登记专项治理行动。

**二、大数据赋能为专项治理提供有力支撑**

近年来，数字技术高度发展、广泛应用，习近平总书记多次强调大数据的关键作用。专项治理伊始，正值"检察大数据战略"在我省蓬勃发展，"个案办理到类案监督到系统治理"如何在我市落地实践？我们决定借助大数据检察"东风"开展工作。

我们运用裁判文书、执行信息、行政处罚、企业信用信息公示等开放数据，及检察业务系统内部数据库、市域治理平台共享数据，搭建监督模型，通过"正向检索＋反向筛查＋内部核查＋外部调查"的四步工作法，形成线索挖掘闭环。从已作出法律文书和已注销企业正反向切入，通过数据检索、碰撞获取涉案注销企业信息数据；逐一核对注销登记、法律文书时间等关键节点，锁定重点目标；走访应急管理、自然资源、劳动仲裁等重点部门，针对性了解案件线索、获取证据材料。全市摸排发现了类案线索 140 余件，行政、刑事、民事诉讼等三大领域的恶意注销问题逐一"浮出水面"，"脱壳金蝉"终"自投"数字技术编织的"罗网"。

### 三、基层各地"百花齐放"丰富了专项治理内容

专项活动要想在一域内"全面开花"，需要充分激发基层行政检察工作动能，释放基层行政检察工作创造力。部署伊始，市检察院确定了以点带面、以基层先行先试带动全市专项纵深推进的工作思路。

专项过程中，各基层院及时汇报线索情况及监督障碍，市检察院发挥统筹、指导、协调作用，对案件线索集中审查研判，统一监督标准，通过交办、提办等方式，确保精准有效监督。全市检察机关三次召开推进会，交流经验方法，研究会商疑难问题，明确履职思路，促进专项提质增效。各基层检察院注重内部职能融合，行政检察与其他业务条线协作联动，建立线索移送、案件会商等机制，促进行刑民监督一体协同推进。跨区域监督案件中，各基层检察院之间在调查核实、检察监督等环节协作配合，共同促进问题解决。至 2022 年 7 月底，全市共立案监督 51 件，发出再审检察建议 2 件，审违检察建议 5 件，执行监督检察建议 22 件，行政违法行为监督检察建议 22 件，推动 1131.18 万元罚款、161.3 万元罚金顺利执行。

同时，市检察院要求各基层检察院立足区域案件特点，主动发掘区域内治理难点、堵点，研究有效解决办法。通州湾检察院创设《涉企刑事案件情况告知函》，提醒注册地行政审批部门及时关注涉案企业重大事项变更情况。崇川区检察院与行政机关研究会商，共享涉案信息，规范执法程序，通过联席会议形成会议纪要，全区行政机关遵照执行，堵塞注销漏洞。

### 四、挖掘"真问题"实现"真治理""深治理"

营商环境是企业生存发展的土壤。党的二十大报告明确指出，完善产权保护、市场准入、公平竞争、社会信用等市场经济基础制度，优化营商环境。我们一直也在思考，如何将行政检察工作更深融入服务保障社会经济高质量发展大局。

本案中，这些问题企业意图钻"改革便利"的空子，通过注销登记实现"金蝉脱壳"，逃避法律责任，扰乱了市场管理秩序，损害国家利益和社会公共利益。市检察院经深入调研分析，发现问题企业恶意注销得逞的

根源在于，执法司法机关与登记机关之间信息衔接存在盲区，且登记机关对申请材料主要进行形式审查，难以及时准确甄别恶意注销，让问题企业"钻了空子"。而恶意注销法律责任不明确，执法司法机关事后未有效追责，问题企业面对大额罚款或赔偿不惜"铤而走险"。

为真正破解"恶意注销"问题，检察机关形成专题调研分析报告，指出全市"恶意注销"的主要表现形式、多发易发领域及问题根源，提出针对性意见建议。2022年11月，市检察院将《关于企业恶意注销逃避法律责任问题的调研报告》向人大、党委政府专题报告，得到了主要领导的重视和肯定，推动在全市层面出台《关于加强涉市场主体执法司法信息共享和衔接配合的工作意见》。该意见基于调研报告提出的意见建议，围绕构建信息共享、联动审查、联合惩戒三大机制，提出函告、登记审查、提示检索等10条具体意见，推动涉市场主体重要信息互联互通，凝聚共管共治合力，优化法治营商环境。

"春回万物生"，江苏省南通市检察机关促进问题企业注销登记专项治理案是我市行政检察工作从个案办理到类案共治迈出的关键一步，我们以此为新起点，继续做深做实行政检察工作，以行政检察现代化，助力法治中国建设。

## 专家点评

## 把行政检察制度优势更好地转化为监督效能

程 琥[*]

南通市检察机关办理的促进问题企业注销登记专项治理案，从个案监督延伸至类案治理，发挥了"办理一案、治理一片"的良好效果。行政检察能够取得良好的办案效果，主要得益于做好以下五个方面工作：

一是能动检察。能动检察是取得良好办案效果的重要司法理念。能动主义司法功能观作为一个法哲学概念，其理论基础在于司法应着眼于维护实质正义，而非过分迁就形式正义。能动司法的正当性在于其不仅有利于满足社会公众对实质正义的追求，积极回应社会公众对一些敏感、复杂、热点问题的关切，也有利于拓宽司法服务功能的范围。在社会转型期，法治发展具有一定滞后性，一些行政争议难以在现有的法律框架内得到解决。能动司法要求检察机关发扬斗争精神，克服畏难情绪，将敢于监督、善于监督融入能动检察，积极主动地履行法律监督职责。南通市检察机关在办案中彰显了能动司法理念，将法律监督触角积极延伸到社会方方面面，在众多繁杂信息中发现案件线索。

二是数字检察。现代信息技术是检察机关取得良好办案效果的技术支撑。数字赋能监督，监督促进治理，数字检察推动行政检察监督模式重塑变革，提升法律监督质效。只有充分运用现代信息技术，行政检察之路才会越来越宽广。南通市检察机关充分发挥数字检察优势，将大数据检索与一对一走访调查相结合，利用裁判文书网、行政处罚、企业信息公示数据及检察业务系统等数据平台，进行数据碰撞、筛选；对接应急管理、环境资源、市场监管、劳动仲裁等重点部门调查了解，发现各类型案件线索141件。上述成效的取得，大数据运用功不可没。

三是检察建议。精准适用检察建议是取得良好办案效果的重要保障。

---

[*] 北京市第一中级人民法院副院长。

近年来，检察建议的适用频率大幅提升，不仅数量增幅大，而且内容涉及面广，呈现由个案向类案拓展的发展趋势。南通市检察机关在办案过程中充分运用检察建议，根据案件不同情况在不同阶段及时跟进制发检察建议，推动了相关行政机关和法院履行职责。今后应不断丰富行政检察履职方式，除了抗诉、检察建议等方式外，还可以探索一些其他有效的履职方式。

四是一体监督。一体监督是取得良好办案效果的重要组织保障。南通市检察机关发挥一体化履职优势，准确运用裁判监督、执行监督、行政违法行为监督、类案监督、争议化解等方式，在全市范围共享裁判文书、企业公示信息数据库，编发恶意注销逃避处罚监督工作指引及示范文书，组织指导开展线索摸排、监督工作。通过市级和基层检察机关的一体履职，形成法律监督整体合力，打开行政检察监督新局面。

五是专业能力。专业能力是取得良好办案效果的重要基础。无论是对行政行为穿透式监督，还是对行政诉讼监督，精湛的专业能力是履职尽责的重要前提和基础。南通市检察机关在办案过程中，坚持干什么学什么、缺什么补什么、弱什么强什么，切实加强自身能力建设，以更专业的思维、素养、方法不断提高行政检察监督能力，促进办案政治效果、法律效果、社会效果的有机统一。

## 人大代表政协委员点评

## 行政检察护航法治化营商环境

薛济萍[*]

党的十八大以来，习近平总书记多次强调，法治是最好的营商环境。党的二十大报告提出"完善产权保护、市场准入、公平竞争、社会信用等市场经济基础制度，优化营商环境""营造市场化、法治化、国际化一流营商环境"等重大要求。本案正是检察机关主动融入中心大局，以行政检察之力护航法治化营商环境的一个样本。

随着国家"放管服"改革的持续深化，工商登记日益简便，市场主体的准入、退出机制更加快捷，但同时也给了问题企业注销登记"金蝉脱壳"、逃避法律责任可乘之机，不仅破坏了市场管理秩序，损害了法律权威，也造成国家财产流失，第三人合法权益得不到保障。我们企业经营中也了解到有个别企业使用转移资产、注销公司等套路逃避债务，"跑了和尚拆了庙"，给维权造成困难。江苏省南通市检察机关以习近平法治思想为指导，积极能动履职，灵活运用数字监督手段，发现并办理了一批监督案件，撤销了部分公司违法注销登记，将其拉回法律程序，有效遏制了恶意注销这股"歪风"，解决了困扰企业发展的问题，让企业在日常经营中再无后顾之忧。同时检察机关从办理案件切入，针对恶意注销问题背后深层次、机制性原因研究有效解决方法，推动全市建立相关机制平台，促进溯源治理、系统治理，为我们企业健康发展营造了良好的法治营商环境。

通过该案，我们实实在在感受到南通市检察机关服务和保障地方经济社会高质量发展的检察担当和检察力量。我们也将积极拥护并参与到社会信用体系建设中去，依法依规经营，引领公平竞争、诚实守信的社会风尚。

---

[*] 第十四届全国人大代表，中天科技集团有限公司党委书记、董事长。

# 6. 何某某诉浙江省某市某区人社局工伤认定监督案

**【关键词】**
工伤认定　跟进监督　新入职劳动者权益保护

**【案例简介】**

2019年5月10日,何某某入职某公司从事水电工岗位,公司未为其办理社会保险。5月13日下午,何某某从公司出发去购买安装公司洗脸盆所需的下水弯头,其驾驶电动自行车路经某路口时摔倒,致脑部等多部位受伤。何某某向某市某区人社局申请工伤认定,该局作出不予认定工伤决定书。何某某不服提出行政诉讼,请求判令撤销该决定书。某区法院一审认为何某某所提证据不足以证明其所受伤害系工伤而驳回其诉讼请求。何某某未在规定期限内提出上诉,一审生效后何某某不服判决结果,向某市中级法院申请再审亦被驳回。

何某某向某区检察院申请监督。该院经审查后认为何某某系在工作时间获公司授权后外出购买物料,摔伤路段也处于合理路线之内,符合工伤情形,某区人社局对何某某不予认定工伤错误。某区检察院向区法院提出再审检察建议,但区法院未采纳。某区检察院遂向某市检察院提请抗诉。某市检察院经审查,依法向某市中级法院提出抗诉。某市中级法院指令某区法院再审。

因何某某的实质诉求是要求赔偿,某区检察院同步开展行政争议实质性化解工作,联合法院与某区人社局、企业沟通协调,引导企业与何某某在再审过程中达成和解协议,企业依法支付赔偿款。考虑到何某某因工伤事故劳动能力下降,且妻残子幼,生活困难,检察机关依法为其申请司法救助。何某某撤回监督申请。2022年9月2日,某区法院依法裁定终结本案诉讼。

针对本案反映出的新招聘尚未参保、短期灵活用工等人员因客观原因有时难以获得充分社会保障支持,尤其是在工伤中权益无法得到及时保障的情况,某区检察院与法院、司法局、人社局签订《关于在涉劳动关系检察工作中加强共同调处与协作支持的意见（试行）》，就如何实质化解争议、避免"程序空转"、加强治理堵漏等达成共识。

**【意义】**

对于人民法院未采纳再审检察建议，处理错误的，检察机关应当提请上级人民检察院监督。上级人民检察院认为下级人民检察院提请抗诉理由成立的，应当向同级人民法院提出抗诉。同时，坚持以抗促和的办案理念，综合运用释法说理、法律援助、司法救助等措施，推进行政争议实质性化解。对案件办理过程中发现的新招聘尚未参保、短期灵活用工等人员难以获得充分社会保障问题，与相关行政机关建立长效机制，有效保障该类人员的权益。

## 办案心得体会

## 精准监督"小"案倾心温暖民心

俞 佳[*]

何某某诉浙江省某市某区人社局工伤认定监督案获评"2022年度十大行政检察典型案例",这对所有参与过本案办理的人员来说既是对办理出一件质量高、效果好的检察产品的肯定,也是鞭策我们在今后的办案中要始终秉持以人民为中心理念,充分发挥法律监督职能,践行"枫桥经验",从而有效解决争议,维护当事人的合法权益。回顾该案的办理过程,有收获、有感悟,现将办案中的几点体会与大家分享。

### 一、注重调查核实,力求精准监督

没有调查就没有发言权。当事人到检察院申请监督的案件,一般都经历过一审、二审和再审,经过多次法院审理,仅靠简单的书面审查很难判断案件是否存在错误,需要承办检察官细致审查来发现,必须体现司法的亲历性原则,从办公室走出去潜下身子开展调查核实工作。在本案中,承办检察官通过前往当事人用人企业、采买材料的五金店等地进行实地调查,对相关负责人、知情人进行询问,向某外卖平台调取近期一段时间内的外卖接单记录,"沉浸式"地模拟了案发当天当事人的行程轨迹,收集到的新证据能够证明当事人符合工伤认定情形,从而找到了开展法律监督工作的突破点,为确定精准监督方向奠定了坚实的事实基础。

### 二、发挥一体优势,坚持跟进监督

承办检察官经过调查核实认为,何某某系在工作时间受公司指派外出购物,事发路段也处于合理路线之内,符合《工伤保险条例》第14条第5项认定工伤情形,因此及时将案情上报市院,请求市院、省院予以指导,

---

[*] 浙江省宁波市海曙区人民检察院第四检察部一级检察官。

为接续监督夯实了基础。根据省市二级院行政检察部门在法律性质、证据闭环等方面的指导，区院先就本案向法院发出再审检察建议。但因当事人受伤后沟通表达及举证能力受限，各方对有关具体问题分歧较为明显，再审检察建议发出后法院未予以采纳。在法院未采纳再审检察建议的情况下，区院及时将事实查证、法律适用意见及进展现状认真梳理后再报市院，提请抗诉。市院行政检察部门对案件全面审慎审查后，认为何某某受伤符合工伤认定情形，其作为行政相对人已提供初步证据且符合生活逻辑，行政机关及用人单位若不能提供充分证据予以否认，就应当承担举证不能的不利后果，故本案具有监督必要。经研判市检察院及时跟进监督，支持区院意见提起抗诉，切实履行了行政检察监督职能。

### 三、找准核心诉求，合力化解矛盾

工伤认定案件事关劳动者切身权益与社会和谐稳定，需要设身处地予以关怀。本案再审启动后，区院承办检察官在省市院指导下精准评估了案件的和解可能。按照从前就案办案的思路，承办检察官认为不能从根本上解决当事人的实际困难，也无法做到定分止争。何某某打了一圈官司，即使案件经再审改判也不能实质性解决当事人诉求。于是，办案人员制定了争议化解方案，一方面为经济困难的申诉人申请了法律援助，打消何某某的顾虑，让释法说理更为高效，何某某更为信任司法机关；另一方面积极牵头与区人社局、用工企业、法院持续沟通，多方调处引导用工企业与何某某最终达成增加补偿的和解协议并当场履行完毕，有效实现了抗诉监督的"势能"转化为调处化解的"动能"。同时，检法两家还联动为经济困难的何某某提供了司法救助。最终法院以案涉行政纠纷已得到实质性化解依法裁定终结诉讼。本案中检察机关充分发挥了行政检察监督护航民生民利的作用。

### 四、依法能动履职，推进社会治理

延伸监督职能，根植监督厚土，充分发挥行政检察监督补漏参与社会治理、推进法治政府建设的作用。如何实质性化解争议、避免"程序空转"、堵塞漏洞是承办检察官在案结事了后深入思考的问题。针对办案发现的弱势劳动者面临的劳动关系困境，及时上报市院。省市院行政检察部门研判认为，在疫情、经济环境波动等对企业和劳动者均产生较大影响的情况下，本案反映的问题具有个案推进类案治理的价值。在上级院指导下，区院积极牵头与区人社局、司法局、区法院会商制定协同机制，明确重点关注弱势劳动群体和面临创业生存发展压力的企业，以能动检察履职深入推动社会治理，服务保障共同富裕。

**五、拓展监督广度，宣传法治故事**

案例是最生动的法治教科书，用好群众身边的小案讲好行政检察故事，可以让普通老百姓以看得见的方式感知行政检察监督的触角。承办检察官及时回顾梳理办案得失，将本案在办理过程中形成的经验做法撰写成《上下一体强监督 多元联动促化解 某区院"以抗促和"办结本年度全省首例行政生效裁判抗诉监督案件》呈报省院，获得省院主要领导批示，同时宣传稿《是什么让他对生活重拾信心》被《检察日报》和最高检公众号采用，切实落实好"谁办案谁普法"的责任，让好的检察产品飞入每一个普通老百姓家中。

至此，这起普通的"小案"才算真正圆满结案。对于该案成功入选"2022年度十大行政检察典型案例"，我们认为这离不开最高检、省院、市院的支持和指导、承办检察官求极致的态度和扎实细致的办案、人社局、司法局和法院等多方的共同努力，众多积极因素叠加促成了上述结果。正如华东政法大学纪检监察学院常务副院长、教授章志远点评所言，"本案集中体现了检察机关的三种精神，一是'扑下身子抓办案'，二是'锲而不舍抓监督'，三是'真心诚意抓维权'"。

民有呼，我有应。我们行政检察人始终将深刻把握贯穿党的二十大报告中的人民至上立场，切实把实现好、维护好、发展好最广大人民根本利益作为一切检察工作的出发点和落脚点，积极打造小案细办、小案精办，守民心、护民利、重治理，用心用情用力办好人民群众身边的每一个小案，彰显检察担当，传递司法温度，实现案结事了人和。

## 专家点评

### 在化解争议中突显三类具有引领价值的规则

章志远*

该案集中体现了检察机关的三种精神：一是"扑下身子抓办案"精神。检察官不仅调阅了法院案卷材料，还与政府相关职能部门沟通，对何某某受伤地点、采购地点进行现场查勘，并走访用工企业，询问相关证人，了解该公司考勤及采购制度。这些工作本来是人社部门在工伤认定时或者法院审理时就应该做的，但很遗憾都没有做实做细。二是"锲而不舍抓监督"精神。区检察院先是利用《行政诉讼法》第93条第2款规定的检察建议方式进行监督，后是采取向上级检察机关提请抗诉的方式进行监督，这体现了检察机关锲而不舍的依法监督精神。三是"真心诚意抓维权"精神。该案当事人属弱势群体，而立之年就发生重大身体伤害，妻子还是残疾人、孩子尚年幼，家庭经济陷入困境。检察机关坚持检察为民理念，采取法律援助、司法救助等多种方式对当事人进行雪中送炭式的保护，充分体现出中国特色行政检察制度的优越性。

该案还展现了三类具有引领价值的规则：

一是"证明标准及证明责任分配"规则。检察机关通过该案确立了依申请行政行为中双方当事人之间的证明责任分配及证明标准规则，即工伤认定行政案件中只要行政相对人已提供初步证据且符合生活逻辑，行政机关若不能提供充分证据予以否认，就应当依据行政相对人的证据予以认定。这种判断体现了行政诉讼证据制度对弱势群体的倾斜性保护，不仅符合行政诉讼法的本义，也符合工伤保险法律关系作为社会法的特质。在行政诉讼法有关证明责任分配规则还不太健全的背景下，该案具有很好的示范效应。

二是"统一'三工'法律适用"规则。国务院2010年修改的《工伤

---

* 华东政法大学纪检监察学院常务副院长、教授。

保险条例》对于"三工"（工作原因、工作时间、工作地点）的情形规定较为复杂。虽然最高人民法院通过发布指导性案例等方式已经确立了很多规则，但实践中的用工方式、劳动关系情况特别复杂，需要司法机关依据法理、情理、常理进行综合判断。检察机关在该案监督过程中没有机械办案，而是通过扎实的调查取证和缜密的适用分析，确立当事人的受伤完全符合《工伤保险条例》第14条第5项规定的"职工因工外出期间，由于工作原因受到伤害"情形，该做法值得称道。

三是"实质性化解行政争议"规则。实质性化解行政争议是党和国家重要的政法政策，是司法机关在办理行政案件中应当遵循的基本理念。相较于《行政诉讼法》第1条规定的"解决行政争议"而言，"实质性化解行政争议"的要求更高、实现难度更大，需要在实践中不断积累经验。该案在实质性化解行政争议的主体和方式上都具有规则引领意义。一方面，在实质性化解行政争议的主体上，坚持了检察机关一体主义原则，发挥了检察机关作为整体的组织优势。同时，检察机关还搭建了多主体参与的沟通交流平台，使法院、行政机关、企业等力量都能参与其中协力化解行政争议。另一方面，在实质性化解行政争议的方式上，坚持法律之内和法律之外相结合、正式方式与非正式方式相结合、面向个案与面向类案相结合的策略，采取了包括检察建议、抗诉、法律援助、司法救助、联合发文等多种方式，既体现了检察机关的办案智慧，也对实质性化解行政争议具有重要的现实指导意义。

## 人大代表政协委员点评

### 强化一体跟进 多元化解促案结事了 能动履职参与社会治理

陈淑芳[*]

该案生动体现了检察机关办理案件追求法律效果和社会效果的有机统一：

一是强化一体跟进监督。在法院未采纳再审检察建议的情况下，如确有监督必要，且上级检察机关审查认为法院裁判存在错误的，检察机关应当及时跟进监督，支持抗诉，切实履行行政检察监督职能。

二是多元化解促案结事了。本案中，检察机关充分考虑到何某某家庭生活情况，秉持以人民为中心理念，践行"枫桥经验"，从有效解决争议、维护当事人合法权益、减少诉累出发，综合运用监督纠正、以抗促和、释法说理、司法救助等方式，联合多部门多元化解行政争议，促进案结事了。

三是能动履职参与社会治理。这也是本案办理中的一大亮点，针对本案反映出的新招聘尚未参保、短期灵活用工等人员因客观原因有时难以获得充分社会保障支持，尤其是在受工伤时权益无法得到及时保障的情况，检察机关积极践行能动司法理念，与法院、司法局、人社局签订了协作意见，就如何实质化解争议、避免"程序空转"、加强治理堵漏等达成共识。这充分体现了检察机关坚持问题导向，主动延"深"法律监督触角，对办案中发现的社会保障问题探索建立长效机制，将民生民利与助企纾困有机结合，推动构建普惠均等、便捷高效、智能精准的法律服务体系，助力浙江共同富裕示范区建设。

---

[*] 第十四届全国人大代表；宁波市农业科学研究院畜禽所副所长；获得全国杰出兽医、全国"五一劳动奖章"、全国"三八"红旗手、全国道德模范、"全国人民满意公务员""全国先进工作者""浙江省劳动模范""最美浙江人——浙江骄傲年度人物"等荣誉。

# 7. 施某甲（郭某）诉福建省某市政府颁证行为监督案

【关键词】

起诉期限　撤销国有土地使用证　行政争议实质性化解

【案例简介】

郭某的母亲施某甲因祖遗内地房产被母胞弟施某乙私占（以上均为中国香港居民），提起民事诉讼胜诉获判各自按份继承。但登记部门以案涉房产《房屋所有权证》与《国有土地使用证》上记载的权利主体不一致等原因，不予办理变更登记。施某甲起诉至法院，分别诉请撤销某市政府于1992年3月颁发的《国有土地使用证》、于1994年4月颁发的《房屋所有权证》。两起案件均因超过最长20年起诉期限，被某市中级法院驳回起诉，上诉、再审均未获支持。施某甲在行政诉讼期间过世。案涉房产纠纷历经15次民事、行政诉讼及刑事自诉，多年信访上访，长达近30年的争议依然处于"程序空转"。

福建省检察院受理监督申请后，经审查认为，案件确已超过最长20年起诉期限，法院裁定驳回起诉并无不当，但为切实维护申请人的合法权益，避免"程序空转"，检察机关决定开展行政争议实质性化解工作。经调查核实查明，施某乙存在故意隐瞒真实情况以独子身份骗取登记机关错误将案涉房产的《国有土地使用证》登记到其名下的事实（登记机关始终未曾发现该骗证事实）。在充分查清事实真相基础上，福建省检察院注重从解决历史遗留问题而非追责的角度与行政机关开展沟通协调，通过从法理、事理、情理上分析论证，最大限度争取共识。据此，福建省检察院于2020年7月6日向某市自然资源和规划局发函，建议该局依法对案涉《国有土地使用证》及权属登记予以纠正。同时，福建省检察院持续督促和协助自然资源主管部门开展调查复核、公开听证、法理论证等自我纠错工作，先后召集省、市、区三级自然资源主管部门及某市不动产登记中心召开5场协调会和论证会，解决了一系列法律适用问题。经过3年跟踪推进，最终促成登记机关决定撤销案涉《国有土地使用证》，实质性解决了近 30 年的错误登记颁证问题。郭某从香港来电和来信，对该处理结果表示满意和感谢，书面申请撤回对两个案件的监督申请。

**【意义】**

检察机关对于因超过起诉期限、维权陷入困境的行政诉讼监督案件，不能只满足于程序结案、形式正确，而要坚持以人民为中心的立场，充分发挥法律监督职能，依法监督纠正错误行政行为，解决群众合法合理的诉求。检察机关运用"穿透式"办案方式，针对迄今近 30 年的登记颁证行为，在查清事实的基础上，引导登记机关自我纠错，并坚持跟踪推进，最终实质性解决争议，消除了权利人进一步申请颁证的障碍，解决困扰申请人多年的揪心事，实现政治效果、法律效果和社会效果的有机统一。

📝 办案心得体会

## 精准监督解难题 司法为民显担当
## 持续3年跟进 30年前错误土地证终撤销

王 斌 陈 健[*]

中国香港居民施某甲因内地祖遗房产纠纷,提起行政诉讼但因超最长起诉期限被驳回起诉。福建省人民检察院受理当事人监督申请后,查明案外人弄虚作假将案涉房产土地使用证私自变更到其名下的事实,依法提出监督意见,历时3年持续跟进,最终促使登记部门撤销30年前错误颁发的土地使用证,解决了持续多年的行政争议。作为本案承办人,有以下几点心得体会。

第一,坚持司法为民理念,办好"群众身边案件",探索"过期之诉"法律监督,推动破解"程序空转"问题。

对于因超过起诉期限等原因无法通过诉讼维权,但行政行为可能存在错误的案件,检察机关应当从促进依法行政、推动行政争议实质性化解的角度出发,充分发挥法律监督职能,依法监督纠正错误行政行为,解决群众合法合理的诉求。本案中,承办人经初步审查发现,行政案件确实已经超过了起诉期限,法院驳回起诉并无不当。然而,纵览案件发展脉络,事情却并不简单。虽然,施某甲的祖遗房产经民事判决确定其继承份额,但不动产登记部门因原房产证与土地证上的权利人名字不一致(分别为施某甲的父亲施某与施某甲的胞弟施某乙),不予办理变更过户。施某甲被迫另行提起行政诉讼却已超起诉期限,导致施某甲虽手持胜诉民事判决,至其过世时实体权利始终未能得到保护。案涉房产纠纷历经15次民事、行政诉讼及刑事自诉,常年上访信访,长达近30年的争议始终处于"程序空转",当事人的维权之路已经陷入"死循环"。为切实维护当事人的合法

---

[*] 王斌,福建省人民检察院第七检察部副主任、三级高级检察官;陈健,福建省人民检察院第七检察部二级检察官助理。

权益,避免程序继续"空转",同时考虑到本案房地不一致确实存在诸多疑点,我们决定开展行政争议实质性化解工作,探索"过期之诉"的法律监督。承办人在充分查清事实真相的基础上,引导自然资源主管部门自我纠错,监督撤销了错误颁发的土地使用证,消除了权利人进一步申请颁证的障碍。本案特殊性还在于,申请人为中国香港居民,长期居住香港,且疫情期间往来不便,承办人充分考虑客观因素,灵活运用各种方式告知案件进展及处理情况,耐心细致地解释相关法律政策,指引维权路径,不但帮助解决了困扰申请人多年的揪心事,同时也增强了他对内地司法公正的信心,实现政治效果和法律效果、社会效果的有机统一。

第二,运用"穿透式"办案方式,着力破解两项法律障碍,以"精准监督"促进行政机关自我纠错。

承办人经分析研判认为,要实质性解决本案争议,首先要把握症结所在,找准监督的方向。2008年施行的《房屋登记办法》和2019年施行的《不动产登记暂行条例实施细则》均规定:不动产登记,应当遵循房屋所有权和房屋占用范围内的土地使用权权利主体一致的原则。因此,解决本案争议问题的关键就是要厘清房产证、土地证上权利人名字不一致的前因后果,以便明确各职能部门的职责,从而推动行政争议实质化解,这就需要我们破解两项法律障碍。

一是通过调查核实,查明事实真相,破解"房地不一致"导致无法变更过户的法律障碍。调查核实是法律赋予检察机关的一项重要权能,是确保精准开展监督的前提。实践中,有的行政机关限于形式审查,掌握信息不完整,不少行政争议产生时间久远、申请监督人取证能力有限,这就需要检察机关从形式审查穿透到行政争议背后的实质性问题,还原真相、辨明是非,为精准化解行政争议奠定基础。本案中,登记发证时间距今已近30年,权利人均不在内地,2020年新冠疫情突发相关当事人又无法离港,且房产涉及两次继承,利益关系较为复杂。承办人于2020年2月新冠疫情稍微缓和,就数次前往不动产登记档案馆、不动产登记中心、自然资源主管部门等单位调查取证。其一,全面审查地籍档案。承办人先从核实原始登记行为入手,审查土地使用权人如何变动这一关键情节。案涉土地使用证的地籍档案显示:施某甲的胞弟施某乙于1991年9月以"原土地使用者施某已于1987年6月逝世,现由其独子施某乙继承,未办理继承手续"为由申请对案涉房产更改户名。某市人民政府据此于1992年3月颁发以施某乙为土地使用者的《国有土地使用证》。但从法院民事判决和承办人核实的相关证据看，施某至少有3名子女，而且地籍档案中也未见施某乙取得其他继承人授权或由其单独继承的遗嘱等证明材料。其二，询问有关知情人。承办人又走访当地居委会和群众，电话联系在香港的施某甲之子郭某，了解案涉房产相关情况。初步判定案涉土地使用证登记发证的依据与真实情况不符。其三，了解争议处置情况。鉴于该登记发证涉及第三人权益，相关民事、行政争议持续多年，为慎重起见，承办人又走访不动产登记机构了解当事人诉讼、信访情况，沟通咨询处置措施。最终查明，施某乙在1991年故意隐瞒真实情况，以独生子身份申请土地证更名，而且登记机关此前并没有发现该骗证问题。

二是强化协作配合，积极借助外脑，共同破解不动产登记不能发"死人证"的法律障碍。依法行政的"法"不只是法的具体条文，还包括法的目的、法治精神和法律原则，执法司法者不能僵化执行法律，而应当从解决现实问题出发，对法条作出合目的性、符合逻辑和经验法则的解释，彰显法律的正当性。承办人在对自然资源主管部门提出纠错意见之后，某市自然资源局在办理过程中提出一个法律障碍，即如果撤销案涉房屋《国有土地使用证》，那案涉房产的土地使用权要重新登记恢复到上一手的权利状态，即重新登记回已经死亡的被继承人施某名下，这就涉及一个不动产权属登记能不能发"死人证"的法律问题。对此，承办人及时与省自然资源厅不动产登记专家沟通会商，经研究论证得出如下结论：本案是因发现弄虚作假情形而依职权撤证，恢复到原始状态，而非要颁证给无行为能力的死者，因此撤证不存在法律障碍。有关专家还就论证成果在《中国不动产》上以"不动产能登记在死者名下吗？能！但要分情况"为题对本案处理予以点评支持。随后，承办人又召集省、市、区三级自然资源主管部门召开磋商会，消除了法律适用分歧，最终达成撤证共识。

第三，秉持双赢多赢共赢的监督理念，着眼协同共治，积极运用行政争议实质性化解"路线图"工作机制推动行政争议化解。

现实中，行政案件所涉法律关系错综复杂，化解行政争议不能限于单一的路径、单一模式。检察机关应当秉持双赢多赢共赢的监督理念，在监督中协作，在协作中监督，打通堵点，协同共治，推动行政争议实质性化解。2020年，福建省人民检察院以"案结事了政和"为目标，首创行政争议实质性化解"路线图"工作机制，按照争议提出—调查核实—监督促和—多元化解的路径，循序渐进推动案结事了政和，该机制得到最高检的转发推广。本案中，承办人积极运用"路线图"工作机制，针对迄今近30年的错误登记颁证问题，注重从解决历史遗留问题而非追责的角度开展沟通协调，通过从法理、事理、情理上的分析论证，最大限度争取共识，引导和协助职能部门开展自我纠错工作。考虑到行政机关一开始就较为配合，表达了自行纠错意向，承办人根据福建省人民检察院、省自然资源厅《关于建立自然资源行政执法与行政检察相衔接工作机制的意见》，采取发函的柔性方式，建议某市自然资源局依法对案涉《国有土地使用证》及权属登记予以纠正，作为行政机关重启程序的根据，消除了他们的顾虑。由于撤证周期较长，需要权籍调查、听证、公告等多道程序，还受当事人不在内地及疫情影响，承办人本着实事求是态度，尊重行政权运行规律，全力配合做好协调工作。为促进加快复查工作，承办人还主动到某区自然资源局沟通协调，该局对检察机关意见表示认可，并尽快反馈上级自然资源主管部门。在后续工作中，承办人适时通过调处会、专家论证会等方式打通堵点，使争议问题在情理法相统一中得到圆满解决。

通过本案的成功办理，承办人更加深刻地体会到，开展行政诉讼监督不能仅仅满足于程序结案、形式正确，而要坚持以人民为中心，以"案结事了政和"为首要目标，既依法监督纠正错误行政行为，又不能简单"一督了之"，要借力借智，协同共治，从而实现政治效果、法律效果、社会效果的有机统一。

## 专家点评

## 超期之诉检察监督的实践范本及逻辑机理

曹 鎏[*]

近年来，社会矛盾争议多发，老百姓维权意识增强，为解决程序空转问题，实质性化解争议已经成为多元纠纷化解机制共同追求的目标。该案是因行政机关错误登记导致民事权益受损进而引发的行政争议，检察机关圆满定分止争，充分展示了检察监督实质性化解争议的逻辑构造及其运行机理，特别是对于当前普遍存在的超期之诉，检察机关充分利用能动监督的特有优势，通过监督行政机关依法行政回应老百姓的真实诉求，为超期之诉之能动监督的规范化、制度化提供了生动范本。

从该案争议化解的发展进程看，检察机关立案后，主要经历了四个阶段：（1）在法律诉求基础上探寻真实诉求，这是争议得以实质性化解的基础和前提；（2）分析争议产生的症结所在，为穿透式监督指明方向和路径；（3）利用穿透式监督的特有优势，通过调查取证、收集证据、积极调解，争取共赢结果；（4）以法律为准绳，在法治轨道上能动履职，利用资源优势和专业优势，努力实现政治效果、法律效果和社会效果的有机统一。特别是，对于超期之诉，该案检察监督之所以能够推动"程序重开"，是因为《福建省行政执法条例》第34条确立的行政机关自纠制度。福建省检察院督促自然资源主管部门启动自纠程序，登记机关最终撤销案涉《国有土地使用证》，近30年的登记错误终于得到纠正。该案多赢共赢的结果生动诠释了困扰行政诉讼的超期之诉，基于检察监督的能动优势在法治轨道上维护老百姓实体权益、促进个案争议解决的实践场景。但个案中超期之诉检察监督的启动条件、案件范围、程序规则、对检察监督结果的监督等要素仍有必要作出统一规定。

关于新时期检察监督的定位及其功能，有必要从以下两方面加以思

---

[*] 中国政法大学法治政府研究院教授、国家监察与反腐败研究中心主任。

考。一是党和国家监督体系之下的检察监督定位问题。作为党和国家监督体系的组成部分，行政检察应着重对行政权是否依法、正确行使进行监督，这里的"正确性"主要应考虑行政权行使能否让人民满意。但人民是否满意本身较难衡量，加之人民构成的复杂性，对检察监督如何维护老百姓合法权益以及维护哪些合法权益提出了更高要求。二是法治监督体系中的检察监督定位问题。要打造严密的法治监督体系，须通过强化监督确保行政权在法治轨道上运行，这里的法既包括实体法、程序法的维度，也涉及形式法治和实质法治的一体推进问题，本质上要立足于新时期法治政府观，在合法行政与良好行政、守法政府与有为政府一体推进中，探寻检察监督的边界。同时，检察监督旨在实质性化解争议，新时期的纠纷化解观亦应成为基本考量。党的二十大报告明确指出，全面推进国家各方面工作法治化。社会治理法治化是其应有之义，这就要求必须处理好法治轨道上化解争议和政治轨道上化解争议关系问题，既要在法治轨道上维权，能同步维稳，又能在化解争议过程中提升老百姓的法治意识，这均应成为新时期纠纷化解机制要承载的新使命。同时，还要注意"全周期管理"理念对纠纷化解机制同步实现治已病和治未病的要求。此外，从整体主义系统观视角，审视检察监督的定位及其与其他多元纠纷化解机制的关系，以促进多元纠纷化解体系内部衔接耦合并实现整体解纷效能的最大化，亦是对每一种纠纷化解机制的基本要求。

## 人大代表政协委员点评

## 坚持司法为民 以过硬的业务能力破解监督难题

黄茂兴[*]

习近平总书记强调,要贯彻以人民为中心的发展思想,解决好人民群众急难愁盼问题。司法是维护社会公平正义的最后一道防线,也是为百姓求公道、为人民办事实的重要渠道。实践中,一些案件存在"程序空转"问题,虽然历时多年、经过多道程序,但行政争议始终没有得到解决,影响当事人对司法公正的信心。对此,最高检提出要常态化开展行政争议实质性化解工作,并且作为行政检察监督的一项重要任务来抓。福建省检察机关顺势而为,发扬新时代"枫桥经验",探索建立行政争议实质性化解"路线图"工作机制,办理了一批上级部门肯定、社会公众认可、理论界认同的好案例,有效推动案结事了、政通人和。

施某甲这个案例就是福建省检察院常态化推动行政争议实质性化解的一个缩影。从这个案例可以看到检察监督的四个特点:一是展现了司法为民的情怀。虽然这个案件已经超过最长起诉期限,不符合抗诉条件,但检察机关没有就案办案,而是从切实维护当事人合法权益出发,主动担当作为,投入大量精力,解决了当事人困扰多年、历经多起诉讼都得不到解决的难题。二是展现了精准监督的能力。针对房产证和土地证上记载的权利主体不一致问题,检察机关通过深入调查核实,查清了发生于30年前的弄虚作假问题,并且通过充分研究论证,破解了不动产不能发"死人证"的法律障碍,展现了过硬的业务水平。三是展现了协作共赢的智慧。检察机关在查清事实真相这个"硬"基础上,积极沟通协调,运用告知函、调处会等柔性方式,增强监督意见的可接受度,推动行政机关自我纠正,体现了较高超的监督智慧。四是展现了一抓到底的韧劲。检察机关"咬定青山不放松",持续3年跟踪推动,不懈努力,最终促成争议问题解决,彰

---

[*] 第十四届全国人大代表。

显法律监督的严肃性。这个案件成功办理，不仅给当事人带来了公平正义的获得感，也向整个社会传递了正能量和司法温度，值得赞赏。这个案例被最高检和行政法学界评为"2022年度十大行政检察典型案例"，也是实至名归。

　　希望福建省检察院以此为动力，再接再厉，推出更多的为民务实举措，办出更多具有引领示范意义的好案例。同时，也希望各个执法司法部门始终坚持以人民为中心，主动回应社会关注的痛点难点，更有担当地依法能动履职，解决好群众的急难愁盼，切实让人民群众在每一个司法案件中感受到公平正义。

# 8. 苏某诉山东省某市房管局、赵某房屋行政登记监督案

【关键词】

再审检察建议　公房租赁　主体资格　住房保障

【案例简介】

1996年某区房产管理局为苏某办理了涉案房屋《公房租赁证》。1999年赵某伪造申请材料对涉案房屋进行产权调换，并获取了某市房产管理局为其颁发的《房屋所有权证》。2008年赵某提起民事诉讼要求涉案房屋的承租人苏某腾房，苏某始得知其租住的公有房屋已被赵某违法获取，遂以某市房产管理局为被告、赵某为第三人提起行政诉讼，要求依法撤销某市房管局为赵某颁发的《房屋所有权证》。某区法院以苏某与被诉行政行为不具有法律上的利害关系，依法不具有原告主体资格为由，裁定驳回起诉。苏某不服，提出上诉。某市中级法院二审驳回上诉，维持原裁定。苏某向检察机关申请监督。

山东省某市检察院依法受理并经调查核实，查明：涉案房屋一直由苏某租住。在对涉案房屋进行产权调换过程中，赵某伪造申请材料、相关部门为赵某出具了明显与事实不符的房屋使用权人证明。审查认为，苏某作为涉案房屋合法承租人，具有提起本案行政诉讼的原告主体资格。某市房产管理局为赵某颁发《房屋所有权证》的行政行为缺乏事实根据，依法应予撤销。据此，山东省某市检察院向市中级法院发出再审检察建议。2018年该院采纳检察建议，裁定撤销原裁定，指令某区法院继续审理。区法院一审判决确认某市国土资源局（房产管理局的房产登记职能已转入国土资源局）为赵某颁发涉案房屋所有权证的行政行为违法。赵某提出上诉，市中级法院判决维持。

因赵某在本案再审过程中与第三人李某恶意串通签订房屋买卖合同，将涉案房屋转移登记至李某名下，李某为购买涉案房屋向某银行贷款，并办理了该房屋的抵押登记手续，2020年起苏某又先后提起民事诉讼、行政诉讼。诉讼过程中，检察机关及时将该案涉及违法处置公租房的事实与法

院进行充分沟通。2022年法院判决撤销了李某对涉案房屋的不动产权证书。某区住房和城乡建设局（某区房管局并入该局）重新为苏某办理公房租赁证，苏某补缴自房屋涉诉以来的租赁费。

苏某继续要求对涉案房屋进行房改。为督促行政机关依法履行职责，推动苏某对涉案房屋进行房改的合法诉求及早实现，2022年某区检察院向某区住房和城乡建设局发出检察建议，建议其依法及时履行公房管理职责，根据相关政策规定，对承租人苏某的房改要求进行审查，推动问题合法合理、公平公正解决。区住房和城乡建设局回函表示，经初步审查已将苏某房改手续上报某市住房和城乡建设局审批。某市住房和城乡建设局经审查认为，在某银行对涉案房屋的抵押权登记撤销前，房改程序无法继续进行。苏某又提起行政诉讼要求撤销抵押权登记。在该案法院诉前和解阶段，经两级检察机关多方沟通协调并向某银行发出社会治理检察建议，最终促成银行主动申请撤销了涉案房屋的抵押权登记，彻底消除了苏某办理房改的障碍。苏某对该案撤回起诉。

**【意义】**

公房承租人对行政机关的颁证行为具有诉的利益，与该具体行政行为存在法律上的利害关系。检察机关通过开展行政裁判结果监督，纠正法院确有错误的生效裁判，依法维护当事人合法权益。一些行政诉讼案件中，即便错误的裁判结果得以纠正也无法实现对当事人合法权益的全面保护。检察机关通过对涉诉行政行为及关联行政行为的合法性进行审查，并对与所办案件相关的一系列诉争进展情况保持跟进，发挥一体化办案优势，依法穷尽检察监督方式和手段，确保当事人受损的合法权益得到全面救济，推动行政争议实质性化解，将国家住房保障政策落到实处。

📝 **办案心得体会**

## 依法穷尽检察监督方式　全面救济当事人合法权益

高　强　孟一姝*

在这起案件办理过程中,我们充分运用调查核实权还原案件事实,后持续跟进10年,先后向3家单位发出检察建议,与当事人、7家相关单位进行了10余次座谈和数百次电话沟通,终于彻底解决了困扰当事人20年的揪心事。回顾这起案件的办理全过程,我们有以下几点感悟和启发。

一是从实现案件程序正义维度,对于法院以无法律上的利害关系为由否定原告主体资格进而裁定驳回起诉的案件,检察机关需要着重审查当事人是否具有法律保护的权益。本案涉及错误登记、登记后转让、转让后抵押等错综复杂的情况。我们从错误登记行为入手,准确把握行政诉讼中利害关系这一关键问题。我们认为,在行政机关颁证行为的前提是否定公房承租人的承租权,且颁证行为已实际损害其合法承租权的情况下,应当认定承租人与该颁证行为存在法律上的利害关系,具有原告主体资格。检察机关监督纠正驳回起诉确有错误的生效行政裁定,推动案件从程序驳回到进入实体审查,可以为当事人的诉讼维权之路排除程序障碍,是关系到能否在后续诉讼过程中对被诉行政行为的合法性作出认定,能否让当事人在司法案件中感受到公平正义的基础和前提。检察机关在办案中应当注意识别为回避事实审查判断而人为造成的"程序空转",并依法监督纠正。

二是从实现案件实体正义维度,检察机关办理驳回起诉的生效裁定监督案件,也应充分行使调查核实权,全面查明案件事实。涉案房屋几经周转,给权利人的救济设置了层层障碍,大大增加了当事人维权的时间成本和难度系数。我们在这起案件办理过程中,并未局限于对案件驳回起诉是否正确的程序审查,而是通过调取涉案房屋原始登记档案,查明了第三人

---

\* 高强,山东省济南市人民检察院第七检察部主任;孟一姝,山东省济南市槐荫区人民检察院第四检察部主任。

赵某伪造相关证明材料，骗取涉案房屋过户登记的关键事实。我们认为，对于符合法院行政诉讼案件受理条件却被错误裁定驳回起诉的案件，检察机关通过抗诉、再审检察建议方式进行监督，解决的主要是通过依法维护行政相对人、利害关系人诉权，实现程序公正的问题。同时，检察机关作为国家法律监督机关，对于被诉行政行为是否存在违法、应予撤销等情形，也应当通过充分行使调查核实权，厘清证据、查明事实，对案件进行全面审查判断，这既有利于推动案件进入再审程序后得到实体改判，使行政相对人、利害关系人的实体权利得到真正保护，又可以为持续进行穿透式监督，实质性化解行政争议创造条件，也是检察机关坚持以人民为中心、依法能动履职的使命担当。

三是从推动争议实质化解维度，检察机关应当持续跟进与所办案件相关的诉争情况，依法穷尽检察监督方式和手段，确保当事人合法权益获得全面救济。检察机关通过开展行政裁判结果监督，纠正法院确有错误的生效裁判，依法维护当事人合法权益。但也有一些案件，即便错误的裁判结果得以纠正也无法实现对当事人合法权益的全面保护。在行政诉讼中，如果法律程序和适用法律都没有问题，但是老百姓的问题解决不了，很难树立起政府的尊严、法治的权威。本案的难点就在于，涉案房屋已经在错误登记后转卖给第三人李某并抵押给银行，行政诉讼再审胜诉不足以解决苏某面临的实际问题，第三人李某能否善意取得涉案房屋关系到苏某的权利能否真正实现。为此，我们持续跟进，参与行政争议实质性化解的全过程，开展了一次法检良性互动的有益实践。在相关民事诉讼过程中，我们及时将案件涉及违法处置公租房的事实与法院进行充分沟通，法院最终确认涉案房屋买卖合同无效。为确保苏某受损的合法权益得到最终救济，我们通过发出检察建议督促银行撤销抵押权登记，督促行政机关履行法定职责，彻底消除了苏某办理房改的障碍。检察机关通过延伸履职，注重对涉诉行政行为及关联行政行为的合法性进行审查，并对与所办案件相关的一系列诉争进展情况保持跟进，积极发挥一体化办案优势，依法穷尽检察监督方式和手段，确保当事人受损的合法权益得到全面救济，实质性化解行政争议，实实在在解决老百姓急难愁盼问题。

四是从推动法治国家建设维度，检察机关在履行行政检察监督职能过程中，应当发挥"一手托两家"，保障公正司法、促进依法行政的双重功能。本案苏某的维权之路之所以艰辛，一方面是因第三人赵某伪造材料骗取房屋过户登记、恶意转让并为涉案房屋设定抵押权登记的个人行为导致，另一方面也存在行政机关审核不严甚至为赵某出具与事实不符的证明，审判机关对利害关系的认定标准把握欠妥的执法、司法不当因素。但在再审检察建议发出后，本案不仅先后从程序上、实体上获得公正裁判，在与本案相关联的后续民事诉讼、行政诉讼过程中，审判机关也均从还原案件事实、在法律框架内妥善解决问题的角度，依法作出公正裁判，而苏某也愿意继续选择寻求司法救济。同时，在推动消除苏某房改障碍过程中，行政机关积极配合检察机关的工作，在职责范围内依法履职，银行也根据检察建议内容及时纠错补正，最终为苏某的维权之路画上圆满句号。我们认为，这起案件办理的全过程，是法治国家、法治政府、法治社会一体建设成效的一个缩影，也是检察机关通过能动履职推动法治建设的有益实践。

## 专家点评

### 重剑无锋　大巧不工

陈　猛[*]

该案是十大行政检察典型案例中监督时间最长的一起案件。检察机关用了10年时间,依法维护了老百姓的权益。

第一,延伸检察触角、穷尽监督手段,公房承租人终成产权人。老百姓的住房问题关系到社会稳定大局与民生福祉。此类案件事实复杂,民事、行政、刑事法律关系交织,当事人往往无法在单个诉讼案件中达到目的。而且涉案房屋几经周转,给权利人的救济设置了层层障碍,大大增加了当事人维权的时间和成本。

该案涉及错误登记、登记后转让、转让后抵押等错综复杂的情况。检察机关从错误登记行为入手,准确把握行政诉讼中利害关系这一关键问题,确认了苏某作为公房承租人与涉案房屋之间的利害关系,并通过制发再审检察建议的方式启动再审程序,对登记机关的错误登记行为予以确认。该案的难点在于,涉案房屋已经在错误登记后转卖给第三人并抵押给银行,行政诉讼再审胜诉不足以解决苏某面临的实际问题,第三人能否善意取得涉案房屋关系到苏某的权利能否真正实现。为此,检察机关持续跟进,参与行政争议实质性化解的全过程,开展了一次法检良性互动的生动实践。在该案涉及的民事诉讼中,检察机关及时将该案涉及违法处置公租房的事实与法院进行充分沟通,法院最终确认涉案房屋买卖合同无效。为确保苏某受损的合法权益得到最终救济,检察机关通过检察建议的方式督促银行撤销抵押权登记,督促行政机关履行法定职责,彻底消除了苏某办理房改的障碍,体现了检察官办案的情怀、智慧、能力和方法。

第二,把解决老百姓的民生问题作为维护司法尊严与权威的根本。在行政诉讼中,如果法律程序和适用法律都没有问题,但是老百姓的问题解

---

[*] 北京市律师协会行政法与行政诉讼法专业委员会主任。

决不了，很难树立起政府的尊严、法治的尊严。在该案中，检察机关持续跟进了近 10 年，与当事人、市区两级 7 家相关单位开展 10 余次座谈交流、电话沟通。抽丝剥茧，厘清事实和法律，彻底解决了困扰当事人 20 多年的难题。"重剑无锋，大巧不工。"3 份检察建议实质性化解行政争议，实实在在地解决了老百姓急难愁盼问题，促进社会和谐与稳定。

第三，穿透式监督助力完善国家治理体系和社会治理体系。该案不仅是检察机关践行穿透式监督理念的有益尝试，也是创新争议解决方式，追求实体效果、参与社会治理的价值要求。进入新时代，参与社会治理不仅是检察机关履行法律监督职能的必然延伸，更是深入贯彻习近平法治思想的应有之义，是心怀"国之大者"、坚持以人民为中心、依法能动履职的使命担当。下一步，希望检察机关在履行法律监督职责之时，既要注重调查核实，善于发现案件的核心争议点，加深行政检察的深度；又要注意拓宽行政检察审查范围的广度，在穿透式监督中发挥"一手托两家"的职能，不断创新参与社会治理的方式，让行政检察工作焕发新的生机与活力。

## 人大代表政协委员点评

## 检察机关积极履职　最大程度维护老百姓切身利益

肖舒荣*

在这起案件办理过程中，检察机关积极履职、担当作为，最大程度维护了老百姓的切身利益。这起案件可以成为老百姓了解检察机关行政检察职能的一张生动名片。

首先，这起案件给我的最大感受是，检察机关办案办的就是老百姓的人生。案例中的当事人苏某长期承租的公房，被赵某通过伪造材料变成自己的私房，苏某的基本生活面临困境。检察机关在办案中坚持为人民司法，为了解决老百姓的实际问题，用心开展行政争议实质性化解工作，不仅恢复了苏某的公房承租权，也彻底消除了苏某办理房改的障碍，实实在在地为老百姓解决了基本的住房问题，实现了事心双解，值得点赞，令人称道。

其次，检察机关对公平正义的坚守让人印象深刻。这起案件中，苏某租住的公房几经周转，他先后四次向法院提起诉讼，但案件历经波折，苏某的合法权益始终得不到有效维护。检察机关对这起案件的进展情况持续跟进10年，通过检察建议监督和反复座谈、沟通，最终彻底解决了困扰苏某20年的揪心事。这起案件的成功办理，充分体现了检察机关作为国家法律监督机关的使命担当。践行了最高人民检察院在第十四届全国人民代表大会第一次会议上所作的《工作报告》中，维护安全稳定，以能动检察助力中国之治；聚焦服务大局，以能动检察促推高质量发展；坚持司法为民，以能动检察保障民生福祉；加强诉讼监督，以能动检察维护司法公正；拓展公益诉讼，以能动检察守护公共利益；坚持从严治检，以能动检察锤炼过硬队伍。

最后，希望检察机关能够更多地走进基层，立足关乎老百姓切身利益

---

\* 第十四届全国人大代表、山东省济南市长清区万德街道马套村党总支书记、村委会主任。

的问题,通过各种形式加强普法宣传,引导基层群众更加尊法、学法、懂法、守法、用法,以"党的领导、现代治理、法治为民"为内核引领,全力推动新时代法治乡村建设,充分运用法治力量服务高质量发展。

# 9. 任某诉湖南省长沙市某街道办事处行政强制监督系列案

【关键词】

行政强制　专家论证　行政争议实质性化解

【案例简介】

涉案房屋登记在长沙市原某运贸公司名下，该公司2001年改制，2007年3月经破产程序后注销。2017年，因涉案房屋位于饮用水水源保护区，政府拟对涉案房屋拆除并制定补偿政策，任某等6户自称涉案房屋的公房承租人，不满1170元每平方米的补偿标准，双方未能签订协议。2018年9月，涉案房屋被长沙市某街道办事处强制拆除。任某等6户诉至法院，要求确认涉案拆除行为违法。一审认为任某等6户无证据证明是公房承租人、亦非产权人、在涉案房屋上亦无重大添附，其并非涉案行政行为利害关系人，遂裁定驳回起诉。任某等6户上诉、申请再审均未获支持，遂向某市检察院申请监督。

某市检察院调查中取得涉案企业长沙市原某运贸公司留守处人员胡某的证言等证据，证明涉案房屋曾作为公房分配给任某等人居住，遂提请省检察院抗诉。省检察院经调查核实查明：涉案企业改制时明确了企业资产优惠售卖，对职工住房问题全部解决到位。涉案房屋因水毁严重，破产时经评估已无使用价值，不属于优惠售卖范围，被废弃搁置。涉案房屋所在土地也被某市政府收回，企业与员工之间不再有承租关系。申请人要求按照公房承租人的标准予以补偿没有事实与法律依据，法院裁定正确，遂依法作出不支持监督决定。为实质性化解行政争议，承办检察官多次组织双方当事人和谈、召开专家论证会、加入申请人微信群持续5个月24小时在线答疑解惑、上门组织申请人学习讨论类案，最终帮助申请人认清案件法律关系，按照原搬迁政策签订了和解协议。对其中一位生活特别困难又无住房的申请人，依政策为其申请了公租房和3万元困难补助。涉及6户40人持续了4年的6个案件画上圆满句号。申请人和政府工作人员均表示，通过检察机关的办案，既有"满满的收获，又受到了法律的洗礼"。

**【意义】**

　　检察机关在化解争议的同时要引导当事人树立法治意识，为建设社会主义现代化的法治国家贡献检察力量。一方面对于正确的生效裁判，要依法支持，为司法大局服务。另一方面要通过多种措施，用真心、真情贯彻落实"谁执法谁普法"工作，让申请人感受到司法的温度，更感受到法律的权威，并相信法律、自觉遵守法律，服从正确的裁判，息诉息访，安居乐业，真正实现案结事了政和。

## 办案心得体会

## 立足法律监督 用心用情化解行政争议

陈艳霞[*]

2021年6月，中共中央印发的《关于加强新时代检察机关法律监督工作的意见》要求检察机关全面深化行政检察监督，"在履行法律监督职责中开展行政争议实质性化解工作，促进案结事了"。最高人民检察院也曾召开"实质性化解行政争议，为群众办实事解难题"新闻发布会。湖南省检察机关积极贯彻落实党中央的工作要求，按照最高人民检察院的工作部署，在履行行政检察职责的同时，将实质性化解行政争议作为一项常态化工作开展，任某诉湖南省长沙市某街道办事处行政强制监督系列案的行政争议实质性化解，仅仅是湖南省检察机关行政检察人员通过化解行政争议，努力践行"让人民群众在每一个案件中感受到公平争议"的一个缩影。在本案中，承办检察官的主要体会是：

一是要立足法律监督，依法调查，严格履职。某市检察院在审查过程中取得涉案企业留守处职工胡某的证言及任某等提供的水电费缴纳单据，证明涉案房屋曾分配给任某等人居住，认为任某等6人系涉案房屋的公房承租人，遂提请省检察院抗诉。本案的争议焦点在于任某等6户是否可以认定为公房承租人。为查明事实真相，准确适用法律，承办检察官查找了企业改制时的原始档案、调取了企业破产卷宗、向涉案企业的权利义务继受单位某市交通运输局发函调查其对涉案房屋的管理情况后另查明：在破产改制时，涉案企业就明确了优惠、给予补贴的住房政策，对职工住房问题一次性全部解决到位，涉案房屋因水毁严重，经评估已经没有使用价值，不属于优惠售卖范围，被废弃搁置，涉案房屋所在土地也被某市政府收回，企业与员工之间不再有承租关系，申请人要求按照公房承租人的标准予以补偿没有事实依据，且申请人不是涉案房屋的所有权人，在房屋上

---

[*] 湖南省人民检察院第七检察部四级高级检察官。

也没有重大添附，法院裁定正确，检察机关遂依法作出了不支持监督决定。

二是要立足以人为本，沟通协调，践行为民服务。案件办结了矛盾却没有化解，承办检察官关注到，申请人是以家庭为单位，每个家庭派1—2名年纪较大的老人为代表，进行集体的诉讼，他们文化程度不高，有法律认知误区，在他们心中，房子不拆，他们就可以一直用下去，拆了就用不了了，跟他们的利益关系很大，却在行政诉讼中不被认为是"利害关系人"，因而对法院裁定及检察机关的不支持监督决定非常不理解。如果不做好本案的争议化解工作，案件矛盾将成为心结并影响6个案件10余个老人的晚年生活，承办检察官决定开展行政争议实质性化解工作，发挥"求极致"的精神，帮助他们走出法律认知的误区，打开申请人的心结。承办检察官通过沟通，就案件争议化解与申请人及涉案行政机关取得一致意见，通过多次组织双方当事人见面搭建沟通平台，促使他们重新回到谈判桌上，就案件事实、法律适用及应得补偿进行商讨，召开专家论证会并结合国法、天理、人情对双方当事人进行释法说理，促进当事人之间的相互理解与情感沟通，为最终化解行政争议夯实了基础。

三是要知难克难，以心换心，化解行政争议。在经过了5个月的沟通之后，工作成效仍不明显，申请人还屡次出现激烈争吵、拍桌子甚至摔门而出的反应，行政机关也逐渐对争议化解失去了信心。在困难面前，承办检察官没有放弃，而是调整思路，转换方式，迎难而上。承办检察官主动加入申请人的微信群进行24小时的答疑解惑，下载判例及类案法律视频到申请人家组织学习讨论，又通过5个月的以心换心、以情换情的释法说理工作，最终让申请人认清了本案的法律关系，放弃了不合法的诉求，与政府重新按照搬迁政策签订协议，领取补偿款。对于其中一位生活特别困难又无房屋居住的申请人，承办检察官专门协调政府按政策为其申请了公租房和3万元困难补助。最终为该案处理画上了圆满的句号。

在办理案件过程中，承办检察官始终认为，做好行政争议实质性化解工作，老百姓能够安居乐业，信访工作少了，各行政单位的工作人员可以把更多的精力投入到为人民服务的其他工作中去，亦是检察机关体现司法为民，服务大局的好方式。

## 专家点评

## 依法履职重调查　化解争议求极致

杨建顺\*

任某诉湖南省长沙市某街道办事处行政强制监督系列案在实质性化解行政争议、助推法治政府建设方面具有重要意义。该案中，检察机关以"求极致"的精神发挥行政检察能动性，从根源上化解了当事人和行政机关之间的纠纷。

该案的典型意义主要集中在以下四点：

第一，厘清案件中的利害关系。该案一审法院适用最高人民法院2018年公布的《关于适用〈中华人民共和国行政诉讼法〉的解释》第69条第1款第8项："行政行为对其合法权益明显不产生实际影响的"，认为拆除涉案房屋的行为对任某等的权利义务明显不产生实际影响，裁定驳回起诉。二审法院适用上述司法解释第69条第1款第1项，认为任某等不符合原告主体资格，支持了一审法院的裁定结果。两级法院在认定"利害关系人"时均严格遵守行政诉讼法的规定认为任某不是产权人，故否定了其与行政行为的利害关系。从法律规范来看，这固然没有疑问。然而，任某是房屋的实际使用人，机械地否定其与被诉行政行为的利害关系，无法实质性地化解行政争议。

该案中，检察官没有拘泥于"利害关系"这个概念，体现了检察官办案的高明之处。既要充分保护法规范所规定的利益，同时也要充分考虑法规范之外的情形。这不仅是服务型政府的要求，也是让人民群众在每一个司法案件中感受到公平正义的做法。这种理念应当贯穿于整个行政过程之中。

第二，检察机关的应对给我们以方式方法和路径创新的启迪。检察机关一方面确认"涉案强制拆除行为与任某之间不具有利害关系"，作出不

---

\* 中国法学会行政法学研究会副会长、中国人民大学法学院教授。

支持监督申请的决定；另一方面积极展开释法说理、实质性化解争议的工作。承办检察官在开展行政争议实质性化解工作过程中，发挥"求极致"精神，帮助申请人走出法律认知误区，打开他们的心结，同时启动行政救助措施，专门协调政府按政策为其中一位特别困难的申请人申请了公租房和3万元困难补助，做到实质性化解争议。当然，该案如果能够从法律关系上进一步展开监督，其典型意义和学理价值将更为突出。该案同时也提醒行政法学界应对"法律上的利益"与"值得保护的利益"二者之间关系进行探讨。以该案为基本素材，厘清什么是值得保护利益，不仅要追求法律上的利益、司法判例上的利益，而且要从立法政策层面、从源头上解决这个问题。

第三，应进一步完善行政检察机制。应以该案的效果为延伸，充分发挥检察机关的法律监督作用，监督行政机关依法行政，落实行政机关责任，保护相对人合法权益，真正做到"办理一案，治理一片，造福一方"。为深入贯彻穿透式监督，应拓展该案的影响范围，让类似的案件都能够得到相应的妥善处理，进而制定相关政策，为行政机关"立规矩"。

最为重要的一点，要持之以恒抓队伍建设。我们应长期关注检察监督，组建行政检察监督法学学科，持续推进该学科发展。队伍建设不仅是指检察官队伍建设，还包括行政检察监督理论研究者队伍建设。此外，检察监督、行政检察监督、行政检察监督法学的研究也应持续推进，深入挖掘行政检察的理论内涵和价值，让行政检察工作在"求极致"化解争议的过程中，有充分的法治保障和理论支撑。

## 人大代表政协委员点评

### 依法开展法律监督 穷尽司法救济途径为老百姓办实事

肖北庚*

本案是检察机关开展法律监督,实质性化解行政争议的典型案例,其典型性主要体现在以下三个方面:

一、查明案件事实是实质性化解行政争议的前提条件。本案承办检察官通过查阅企业改制原始档案、企业破产卷宗、调查继受单位对房屋的管理情况等多种途径,开展深入调查,全面掌握了案件事实,最终认定法院裁定正确,依法作出不支持监督决定,这是本案能够得以实质性化解的基本前提。

二、开展普法说理是实质性化解行政争议的重要环节。由于法律认知等方面存在偏差,老百姓不理解法院裁判或检察机关依法作出的决定,实践中经常出现案件办结后矛盾没有化解的情况。本案承办检察官积极搭建平台,多次组织双方当事人沟通协商,组织召开专家论证会进行释法说理,帮助当事人走出了法律认知误区,认清了本案的法律关系,放弃了不合法的诉求,最终实现了争议的实质性化解。

三、立足以人为本是实质性化解行政争议的根本保证。检察机关作为法律监督机关,应当始终坚持以人民为中心的发展理念,坚持司法为民,真心实意地为百姓办好事,办实事。承办检察官在办案过程中坚持以人为

---

\* 第十四届全国人大代表,湖南师范大学法学院院长、二级教授、博士生导师,美国亚利桑那州立大学访问教授(2005年8月至2006年8月分别在美国亚利桑那州立大学和加州大学伯克利分校进行学术访问,2013年9月美国宾夕法尼亚州立大学学术访问),武汉大学宪法学与行政法学博士、中国社会科学院法学所政府采购法制博士后,中国法学会理事、中国行为法学会常务理事、行政法治分会副会长,湖南省法学会副会长、行政法研究会会长,湖南省立法学研究会副会长,曾任中国西方法律思想史研究会执行会长,湖南省首届121人才、湖南省第三届"五个一批人才"、湖南省优秀教师、湖南省优秀共产党员,第九届湖南省徐特立教育奖获得者,湖南省"芙蓉学者"特聘教授,享受国务院政府特殊津贴专家,第六届湖南师范大学教学名师奖,国家社科基金重大项目"社会主义核心价值观与完善重点领域行政基本法研究"(2017年)主持人。

本，以心换心，不仅做到了依法办案，还帮助特困当事人申请了公租房和3万元困难补助，彻底解决当事人的后顾之忧，真正实现案结事了人和。

总之，检察机关化解行政争议应当在查清案件事实的基础上，准确适用法律法规，在办案过程中加强讲法普法，动之以情，晓之以理，提升群众的法治意识。既要让老百姓感受到司法人情和法治温暖，也要树立法治权威，促使老百姓自觉守法，服判息诉。

# 10. 广东省某市交通运输局申请执行违法运营行政处罚决定监督案

【关键词】

行政处罚　冒用身份信息　线索移送　检察一体化

【案例简介】

2016年8月22日，某市交通运输局针对何某违法从事载客业务行为作出罚款3万元的行政处罚决定，向甲区法院（集中管辖）申请强制执行。甲区法院裁定准予强制执行。乙区法院于2018年10月29日作出执行通知书，要求何某履行义务并冻结其相关银行账户。2019年12月31日，何某向甲区法院提起行政诉讼，请求撤销行政处罚决定。甲区法院以"诉讼标的已为生效裁判或者调解书所羁束"为由裁定不予立案。何某向甲区检察院申请监督。

甲区检察院依法受理。经调取2013年何某的驾驶证档案、补证档案及车辆行驶证档案，被处罚时执法人员所登记的证件信息等发现，上述材料与何某本人提供的相关证件记录明显不同，也与何某2013年以前档案材料所记载的不一致。经调查，发现何某身份证件被王某冒用。甲区检察院主动向市院汇报，获得指导与支持，同时，向有关部门移送线索。经有关部门核查，市车管所经办民警在办理何某机动车驾驶证遗失补证业务过程中，审核把关不严，导致王某通过提交虚假资料补领了非何某本人照片的机动车驾驶证。本案系王某用自己的照片和何某的姓名、住址、身份证号码等信息，以证件遗失补办的方式向市车管所申请办理驾驶证供自己使用，因违法运营被处罚。公安机关对王某涉嫌使用虚假身份证件、盗用身份证件立案侦查。2021年11月24日，某市丙区法院对王某犯使用虚假身份证件罪，判处拘役3个月，缓刑6个月，并处罚金人民币1000元。案发后，被告人王某已赔偿何某并取得其谅解。基于已查清事实，甲区检察院认为，市交通运输局行政处罚决定认定违法主体错误，依法应当撤销。2021年12月9日，甲区检察院向甲区法院发出检察建议书，要求对本案行政非诉执行审查裁定的错误依法予以纠正。2022年5月5日，甲区法院撤销准予执行裁定。甲区检察院继续跟进该案，督促市交通运输局撤销对何某的行政处罚，而改为对王某的违法行为作出行政处罚。王某已交纳全部罚款。乙区法院终结强制执行程序，解除对何某账户的查封和限制高消费措施，将其从失信人员名单中删除。

【意义】

检察机关在履行行政非诉执行监督职责中，因应法院集中管辖，强化上下一体联动、一体履职。发挥行政检察"一手托两家"作用，充分运用行政违法行为监督、违纪违法线索移送等方式，协同联动，形成监督合力，实现一案多查，切实提升监督质效。通过依法制发检察建议，持续跟踪问效，督促行政机关和人民法院依法履职，维护行政相对人合法权益。

📝 办案心得体会

## 牢固树立人民至上理念　倾力解决急难愁盼问题

张泉泉*

行政检察工作肩负对行政审判执行活动及行政机关执法行为的法律监督职责，与人民群众切身利益紧密相关。本案是一个案外人冒用身份非法营运被行政处罚的行政非诉执行监督案。案件本身并不大，涉案金额仅人民币 3 万元。但这个案子的背后，却是监督申请人何某的人生。因此，承办检察官在办案过程中始终秉持着求极致的精神，灵活运用多种监督方式，努力实质性化解矛盾，解决急难愁盼问题。案件办结后，何某在电话回访中对我们所作的工作频频表示感谢，并告知他现在终于可以正常乘坐高铁和飞机了。何某轻松高兴的语气，让我们如释重负，再次深刻体会到检察工作的价值，心中被成就感所填满。

回顾本案的办理过程，有艰辛也有收获，现分享几点心得体会与大家共勉。

### 一、贯彻多元理念，检察一体强监督

自 2015 年 6 月起，深圳市一审行政案件集中管辖，我院作为同级监督机关，监督对象囊括全市各级行政机关。就本案来说，贯彻行政检察"穿透式监督"和"行政争议实质性化解"理念，客观上存在一定难度。本案行政处罚就是市级行政机关作出的，因此，我们在案件办理过程中，根据省、市院行政非诉执行监督专项活动部署，主动实时向上级院汇报。上级院因应法院集中管辖行政案件的工作规律，对我们加强统筹指导，强化上下一体联动、一体履职，积极做好跨行政区划检察工作，推动监督效果向纵深发展。

---

\* 广东省深圳市盐田区人民检察院第一检察部副主任，一级检察官。

## 二、依法能动履职，协同共治提效能

行政争议实质性化解的难点往往在于案件涉及的法律关系复杂，审查范围不能局限于行政行为，而要看到行政行为背后的民事、刑事等关系。只有以事实为依据，厘清相关法律关系，才能找到"案结事未了"的根本原因，由此出发以实质性化解争议。本案办理过程中，我们充分发挥行政检察"一手托两家"作用，深入开展调查核实，运用行政违法行为监督、违法违纪线索移送等方式，与纪委监委、公安、法院等机关协同联动，加强刑行衔接，实现一案多查，切实提升了监督质效。

### （一）调查核实明真相

初见当事人何某时，他脸上满是愁容。银行卡莫名被冻结、无法乘坐高铁飞机、担心影响孩子高考录取……这些事情压在他身上，压得他眉头始终难以舒展。

他向我们倾诉：某天，他发现自己的银行卡突然被莫名冻结。他去银行查询，得知自己被行政处罚，还成了被执行人，而他对此全然不知情。他向执行法院、行政机关提出异议，甚至提起行政诉讼，但均无果，只好向我院申请检察监督。

案件受理后，我们马上对何某提交的证据材料、行政执法卷宗、法院审理材料、执行材料等进行初步审查。审查后发现，何某的驾驶证曾经补办过，前后照片一胖一瘦，明显不是一个人。而且，何某还提交了自己在案发期间不在深圳的高铁票等证据。

为了查明事情缘由，我们到车管所调取了何某的驾驶证档案、补证档案及车辆行驶证档案等材料；又积极与何某沟通，了解更多案件细节。最终，经比对证据材料，我们发现本案很可能是案外人王某用自己的照片和何某的姓名、身份证号码等个人信息，以证件遗失补办的方式向车管所申请办理驾驶证，供自己使用。而后，王某利用这张驾驶证违法运营，导致何某被行政处罚。

### （二）移送线索成合力

党的二十大报告提出"守正创新"的要求，其中"守正"是根本。当时我们的理解是，作为检察人员，应当恪守检察监督权边界。根据初步查明的情况，我们向有关单位纪检组移送违纪线索。经核查，市车管所经办民警在办理何某机动车驾驶证遗失补证业务过程中，审核把关不严。纪检组对该民警作出相应处分。同时，我们向公安机关移送刑事犯罪线索。经公安机关立案侦查及检察机关审查起诉，法院以使用虚假身份证件罪对王某作出有罪判决。既通过协同联动形成监督合力，又保证了相关工作职能的衔接。

（三）检察建议促纠正

行政检察工作是为了帮助被监督者解决问题，同时，也是在补齐短板、提升水平，共同推进公正司法和严格执法。我们与被监督者的目标任务是一致的，因此，要敢于监督、善于监督。本案中，在查实行政机关违法主体认定错误、人民法院错误裁定准予强制执行的违法行为情况下，我们充分发挥检察建议在行政非诉执行监督中的职能作用，既监督人民法院公正司法，又促进行政机关依法行政。

**三、延伸监督触角，切实为民办实事**

实质性化解行政争议，不仅要将此理念贯穿整个案件办理过程，还要求我们把司法为民作为"监督权力"和"保障权利"的落脚点和着力点，能动履职，充分运用调查取证、移送违纪违法线索、召开公开听证会、制发检察建议、持续跟踪问效等多种方式，才能取得良好的政治效果、法律效果和社会效果。

在公安机关立案后，案外人王某因为疫情原因，在外地无法返回。根据刑事优先原则，本案不得不中止审查。如果只是为了办结案件，完全可以等刑事判决结果出来之后，依据该结果作出监督决定。但一想到何某紧皱的眉头，想到他莫名成为被执行人的委屈、申告无门的无奈，想到他作为一名父亲，担心影响孩子高考录取时的不安，我们就非常着急。所以，在中止审查的近一年时间里，我们始终保持着与何某、案外人王某以及行政机关、公安机关、法院等有关部门的沟通联络，积极寻求矛盾化解的最佳方案。

我们还适时就本案召开公开听证会，为各方当事人搭建沟通平台。听证会上，在承办检察官阐述并出示查明的事实与证据后，王某对其冒用何某身份并进行非法营运的事实予以承认，表示愿意接受法律的惩罚，希望获得何某的谅解。市交通运输局代表也表示将积极采取措施，纠正错误行政处罚决定。最终在王某刑事案件开庭前，我们成功促成王某赔偿何某并取得其谅解。

案件办结后，我们持续跟踪问效，督促相关单位依法履职。督导市交通运输局撤销对何某的行政处罚，改为对王某作出行政处罚。督导法院终结强制执行程序，解除对何某账户的查封和限制高消费措施，将其从失信人员名单中删除。由此，彻底消除本案对何某产生的不良影响，实现案结事了政和。

行政检察工作没有捷径，唯有用心用情办好每一宗案件，把人民至上落实到每一个司法案件办理过程中，倾力为人民群众解决急难愁盼问题，才能守住民心、赢得民心。

## 专家点评

### 行政检察在数字化时代"大有可为"

王锡锌*

广东省某市交通运输局申请执行违法经营行政处罚决定监督案的典型性，在于既体现了行政检察工作重要的理念和精神，又反映出检察机关对数字社会新问题的化解。该案涉及个人信息泄露、身份盗用等问题，此类问题在信息化、数字化时代非常突出，需综合治理。检察机关直面新问题，参与数字治理，这是该案非常突出的一个亮点，具有重要的现实意义。

该案具体的典型意义主要有四个方面。第一，该案启动行政检察监督具有程序上的必要性。行政机关申请法院执行处罚决定，法院裁定准予执行，这没有任何问题；但是在执行、冻结当事人资产的时候，当事人何某发现了自己身份被盗用的情况，并且向法院起诉，要求撤销行政处罚决定。法院如果在这个环节能够对事实做一些调查，其实不难发现当事人身份被盗用的问题。但是法院并没有启动相关程序，而是以被诉行政行为标的已经受生效裁判的约束为由，驳回起诉。这一定程度上存在程序空转问题。面对程序空转，检察机关及时启动程序进行监督，具有必要性。具体到本案中，如果检察机关不启动监督程序，何某不仅要交3万元罚款，还要一直背负一个重大行政处罚，直接进入严重失信主体名单，触发信用惩戒机制，可能会"一处失信，处处受限"。

第二，该案展现了检察机关在数字治理格局中新的角色和功能。该案的代表性、典型性并不仅在于检察机关对一个处罚决定的监督，而在于其背后蕴藏的深层次意义——个人信息被盗用后，能够获得及时的法律救济途径。在互联网时代，数据给生活带来巨大便利的同时，也给个人权益保护，甚至国家安全带来不可预知的风险。在这样的背景下，这起案件给予

---

\* 北京大学法治与发展研究院执行院长、教授。

我们更大启发在于，在数字化时代，未来的行政检察，甚至是法治建设应该如何聚焦此类新型权益的保障与对新型违法犯罪行为的打击，又如何发挥行政检察的优势，为在法治轨道上全面建设社会主义现代化国家作出更大贡献。

第三，该案体现了行政检察的穿透式监督功能。该案中，检察机关启动监督以后不仅给法院发了检察建议，而且发现盗用身份的事实后，及时移送启动刑事程序，还将相关信息移送到行政机关和纪检监察部门，充分体现了穿透式监督的功能。

第四，该案具有一定的引领性。人们对数字化可能带来的社会关系、社会网络的再建构还处在不断认识的过程中，但有一点非常清楚，每个个体的相关信息都在不断被数字化，转换成一种数据，这些数据既有可能给生活带来巨大便利，也可能对个人权益、对国家安全造成冲击。在这个背景下，未来行政检察如何在数字中国建设中发挥更大作用，值得探索。

## 人大代表政协委员点评

## 行政检察发挥"一手托两家"优势
## 为社会治理贡献检察智慧

薛其坤*

法律赋予检察机关行政检察监督职能，做实行政检察工作，是最高人民检察院"四大检察"全面协调充分发展战略布局的应有之义。习近平总书记强调，一个案例胜过一打文件。及时梳理总结工作经验，发布典型案例、精品案例是检察机关以案释法说理、能动精准监督、促进社会治理最鲜活、最生动的体现。

广东省深圳市盐田区人民检察院的典型案例充分体现出行政检察具有"一手托两家"的特殊优势，既监督法院公正司法和执行，又促进行政机关依法行政。经检察机关调查核实，王某冒用何某身份信息领取驾驶证照，非法从事出租载客业务被市交通运输局处以罚款3万元，后法院准予强制执行并冻结何某银行账户。检察机关认真践行穿透式、系统式监督理念，抽丝剥茧，对公民的申诉权、财产权、名誉权、个人信息等合法权益进行多维度保护：通过制发检察建议，督促行政机关重新作出行政处罚决定，推动法院通过审判监督程序撤销原错误裁定；通过公开听证，实质性化解行政争议；通过向公安机关、纪检机关移送案件线索，实现两法衔接双向奔赴。

---

\* 第十四届全国人大代表，中国科学院院士，国际著名实验物理学家。1984年毕业于山东大学光学系激光专业，1994年获中国科学院物理研究所博士学位。2005年当选为中国科学院院士。2013年至2020年任清华大学副校长。现任南方科技大学校长，北京量子信息科学研究院院长，中国物理学会副理事长。主要研究方向为扫描隧道显微学、分子束外延、拓扑绝缘量子态和高温超导电性等。曾获国家自然科学一等奖、国家自然科学二等奖、第三世界科学院物理奖、陈嘉庚科学奖、"万人计划"杰出人才、求是杰出科学家奖、何梁何利科学与技术成就奖、未来科学大奖-物质科学奖、（首届）全国创新争先奖章、菲列兹·伦敦纪念奖、北京市突出贡献中关村奖和复旦-中植科学奖等奖励与荣誉。

一叶知秋，通过行政典型案例可以发现，行政检察工作是新时代检察机关参与社会治理的重要途径，期待同时也坚信其在促进国家治理体系和治理能力现代化方面能够贡献更多检察智慧、检察方案、检察力量，不断以检察工作现代化更好服务保障中国式现代化！

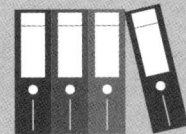

# 2022年度行政检察优秀案例

# 1. 许某某诉天津市某区市场监管局撤销公司注销登记监督案

**【关键词】**

冒名注销公司登记　检察建议　公开听证

**【案例简介】**

2021年3月，许某某得知天津市某酒文化公司被注销，该公司于2016年5月25日注册成立，许某某为该公司股东，持股比例33%，法定代表人为韩某某。该公司成立后未实际经营，韩某某在许某某不知情的情况下，召开股东会，伪造许某某笔迹在股东会决议上签字，向天津市某区市场监管局申请注销公司。公司未对许某某个人及家属对涉案公司的债权债务进行清算即注销，对许某某造成了影响，导致其无法主张权利。许某某向天津市某区市场监管局申请撤销该公司注销登记未果，又向天津市某区法院起诉请求撤销公司注销登记，法院判决驳回许某某诉讼请求。许某某申请再审，亦被裁定驳回，向天津市某区检察院申请监督。

天津市某区检察院依法受理并经调查核实，查明：天津某酒文化公司注销登记材料中许某某签字不是本人所签，但天津市某区市场监管局对天津某酒文化公司提交的注销登记材料进行了合理的审慎审查，已尽到作为职业人员的合理注意义务。天津市某区法院行政判决书认定事实清楚，适用法律正确，其依法驳回许某某的诉讼请求并无不当。但许某某的合法权益确受到公司注销登记行为的影响，导致其无法主张权利。为此检察机关与行政机关进行充分沟通，在调查核实查明案件客观事实的基础上，围绕能否撤销公司注销登记以及如何对当事人权利进行救济问题，组织当事人双方并邀请区人大代表、政协委员、律师参与公开听证。最终达成一致意见：天津市某区市场监管局将启动程序依法处理，许某某自愿撤回监督申请，签署息诉承诺书。针对涉案人员恶意注销公司的情形，检察机关向天津市某区市场监管局制发检察建议并公开宣告送达，建议其依法处置。

**【意义】**

对于行政机关已尽到审慎注意义务的行政行为，行政机关在履职过程中不存在过错，但当行政行为与客观实际情况不符时，检察机关应当监督纠正行政机关所作与客观实际不符的行政行为。在公司注销登记过程中，公司提供虚假材料，检察机关应当发挥调查核实优势，查清辨明案件事实，与行政机关充分有效沟通，促进不当行政行为得以纠正，维护当事人合法权益，以行政检察之为助力优化营商环境。

# 2. 山西省某县人社局与某橡胶公司执行和解监督案

【关键词】

行政非诉执行监督　执行和解　社会治理

【案例简介】

2022年3月，某县检察院在开展专项监督工作中发现，某县法院在执行县人社局与某橡胶公司行政非诉执行一案中，以"执行过程中，双方当事人达成和解执行协议"将该案予以终结。

同年5月，某县检察院依职权受理该案并展开调查，经审查查明：该执行和解协议上只有某橡胶公司一方盖章，涉案医疗保险费、养老保险费系属社会公共利益，张某等51名残疾农民工工资属于他人合法权益。根据相关规定，行政机关可以在不损害公共利益和他人合法权益的情况下，与当事人达成执行协议，该案执行和解损害了社会公共利益和他人合法权益，违反法律规定。

为促进行政争议实质性化解，某县检察院举行公开听证，与会人员均认为该执行和解不合法。某橡胶公司负责人表示会积极履行张某等51人的工资等费用。

同年7月14日，某县检察院向县法院提出检察建议，建议对该案恢复执行，并依法全面履行执行工作，维护社会公共利益和他人合法权益。县法院采纳该检察建议，将该案予以恢复执行，目前已将执行的3万元发给张某等51人。

某县检察院在办理该案中发现，某橡胶公司的财务、人事、档案管理等各项制度不健全，于2022年8月26日向该企业制发了检察建议，护航该企业的发展，目前该企业已经全面整改。

【意义】

行政非诉执行监督对于维护公共利益和社会秩序，保护公民、法人和其他组织的合法权益，具有重要作用。人民检察院依托专项监督活动，依职权主动开展对此类案件的监督，严格把握执行和解是否损害公共利益和他人合法权益。在办理案件中，不能就案办案，而应当立足于行政争议实质性化解，维护弱势群体合法权益，护航民营企业健康发展，促进社会治理。

## 3. 某养殖公司诉内蒙古自治区某市林草局、市政府行政处罚监督案

【关键词】

抗诉改判　行政审批　行政监管　法治化营商环境

【案例简介】

2014年9月，刘某某与原某市林业局（现为林草局）、某林场签订大雁养殖项目承包经营协议，约定承包地段位置及用途。后刘某某注册某观光养殖公司（以下简称某养殖公司），当地行政监管部门对公司使用设施农用地事宜进行了审批备案，某养殖公司投入经营。2018年7月，某市林业局认定某养殖公司硬化养殖设施地面及水池属于改变林地用途，作出责令将临时占地恢复原状并处罚款的行政处罚决定。某养殖公司申请行政复议，某市政府维持了原行政处罚决定。某养殖公司诉至法院，经三级法院审理，均被以某市林业局行政处罚决定事实和法律依据正确为由，驳回诉请。养殖公司向兴安盟检察分院申请监督。

兴安盟检察分院经召开听证会、实地走访探查、咨询专家等调查核实，查明原审裁判确有错误，遂提请自治区检察院抗诉。自治区检察院审查认为，某养殖公司与某市林业局、某林场签订承包经营协议，与某镇政府签订设施农用地使用协议，约定使用土地用途为设施农用地，并按规定经某市国土资源局、农牧业局、市政府审核备案。某市林业局在《设施农用地申请备案审查表》上签署同意意见，并盖章确认。某养殖公司已取得合法利用设施农用地资格；涉案土地用途为设施农用地，原审裁判适用建设项目占用林地相关法律规定存在错误。自治区检察院向自治区高级法院提出抗诉。2021年9月，自治区高级法院指令兴安盟中级法院再审。2022年4月，法院再审判决撤销原审裁判，认定某市林草局行政处罚决定、某市政府行政复议决定违法，并予以撤销。

考虑到案涉土地位于自治区级自然保护区范围内，为实现既保护生态环境又维护某养殖公司合法利益的共赢效果，三级检察机关上下联动，推动案涉双方就解除《大雁养殖项目承包经营协议》及养殖场建筑及附属设

施补偿内容达成和解。现占用土地已恢复原貌。检察机关剖析该案反映出的倾向性问题和管理漏洞，向某市政府、市林草局发出检察建议，指出行政审批与行政监管工作缺乏有效衔接，土地管理不规范、地类划分不清晰，保障企业权益不充分等问题，并提出针对性整改建议。被建议单位采纳建议并积极落实整改。

【意义】

"小案"背后是大民生。检察机关依法能动履职，充分考虑依法公正监督、保护生态环境、维护企业权益及促进依法行政相互关系，监督纠正错误裁判的同时，充分保障企业法治需求，保护企业产权，优化法治化营商环境。针对行政审批与监管衔接不畅等问题向政府、相关部门制发检察建议，助力提升治理效能。

# 4. 杜某、房某诉辽宁省某市某区人社局工伤认定监督案

【关键词】

抗诉改判　工伤认定　工作岗位

【案例简介】

房某全系某海港装卸有限公司员工，被派遣至某港务集团三公司从事清料工作。2018年1月5日12时40分，房某全于港区三公司候工楼118室身体出现异常情况，13时2分医生到达现场后经诊断确认房某全已死亡。2018年3月6日，某区人社局以房某全的死亡不是发生在工作时间和工作岗位上为由作出不予认定工伤决定书。杜某、房某（房某全妻子、女儿）起诉至某区人民法院，请求撤销不予认定工伤决定书。某区人民法院一审认为，房某全系在午休时间在候工楼休息时突发疾病死亡，并非在工作时间和工作岗位突发疾病，不符合《工伤保险条例》所规定的视同工伤情形，区人社局不予认定工伤决定书认定事实清楚、证据充分、适用法律正确，判决驳回杜某和房某的诉讼请求。杜某和房某提出上诉。某市中级人民法院认为，房某全的死亡符合构成视同工伤"工作时间"的要件，但不符合"工作岗位"的要件。裁定驳回上诉，维持原判。杜某和房某申请再审被法院裁定驳回后，申请检察机关监督。

检察机关审查认为，本案应从有利于劳动者权益保护的立法精神出发，以立法精神和法律规定的文义所能包含的内容，正确理解和适用法律。因清料工作的特殊性，并没有明确清晰的工作时间和休息时间的划分，清料工处于随时待命、随时去现场清料的状态。房某全死亡时所处的候工楼内无专门供休息的设施，就餐后回到候工楼待命亦是用人单位的规章制度，是属于接受单位指定在固定时间和固定地点候工，应属于工作岗位的合理延伸，房某全的死亡属于《工伤保险条例》规定的视同工伤情形。2020年11月12日，辽宁省人民检察院向辽宁省高级人民法院提出抗诉。辽宁省高级人民法院裁定撤销原审判决，发回重审。某市某区人民法院于2022年8月31日作出再审判决，撤销某区人社局作出的不予认定工

伤决定书，并责令其重新作出行政行为。2022年10月8日，某区人社局重新作出认定工伤决定书。12月29日，杜某已拿到赔偿款。

**【意义】**

我国的工伤保险制度把充分保护劳动者合法权益作为基本原则。《工伤保险条例》第15条第1款关于视同工伤的规定，旨在更有力地保障劳动者的合法权益，使劳动者在工作时间和工作岗位上因突发疾病去世而获得工伤保险的经济赔偿。对于"工作岗位"的解释，在严格执行法律规定的前提下，应当遵循基本法理，充分考虑客观现实情况和不同职业的特殊性，作出符合立法精神和立法目的的认定。

# 5. 黑龙江省某市检察院督促市卫健委改进院前医疗急救案

【关键词】

疫情防控　120急救电话　院前医疗急救　检察建议

【案例简介】

黑龙江省某市检察院在开展"全面深化行政检察监督　依法护航民生民利"专项活动中发现，疫情防控期间当地存在120急救电话无人接听、临时急救电话未被公众知晓、救护车未配备担架员等问题，影响到部分危急重症患者的及时救治，决定启动监督程序。某市检察院通过与当事人沟通、电话核实、拨打120急救电话进行测试、与某市卫健委座谈交流等方式开展调查核实，发现：一是120急救电话不畅通。一些患者在突发疾病时多次拨打120急救电话，但无人接听；2022年3月后，拨打120急救电话接通后，会被告知此急救电话属于第一人民医院的某市急救中心，在疫情防控期间作为收治新冠肺炎患者定点医院暂停急诊急救业务，需另外拨打临时急救电话联系第二人民医院。二是院前医疗急救人员短缺，救护车未配置担架员，患者无法被及时抬上救护车。针对发现的问题，某市检察院研究认为，120急救电话是关系到人民群众生命安全的救命热线，疾病或意外突发，每一秒都至关重要，院前医疗急救工作存在严重隐患。

2022年5月9日，某市检察院向市卫健委制发检察建议书，并进行宣告送达，建议改进院前医疗急救工作：一是保证120急救电话畅通。将120急救电话及时转移到承担急救职责的医院，或者设置呼叫转移功能，让群众拨打120急救电话一次就可以拨通。二是完善急救人员配置、提升急救能力。三是完善院前医疗急救网络。四是继续开展急救知识普及。

某市卫健委采纳检察建议并积极整改：一是将120急救电话暂迁至某市第二人民医院急诊科，并将急诊科电话向社会全面公示。二是调派7名急诊科医生和两辆负压救护车到市第二人民医院，向市政府申请配备8名担架员，并帮助解决担架员工资。三是对全市从事院前急救工作的骨干医务人员进行培训。四是完善院前急救网络。将120急救中心建设项目和院前医疗急救指挥调度信息化平台建设项目纳入下阶段重点推进任务目标。五是开展急救知识普及。每年定期开展救护培训工作，针对不同人群需求，开展专项技能培训；通过走进社区、走进校园及市区人员集中场所进行急救知识宣传活动，提高市民急救能力。

**【意义】**

检察机关践行以人民为中心的理念，聚焦人民群众急难愁盼与社会治理难点、痛点，以保护人民群众利益和化解社会矛盾为出发点，深入梳理剖析案件反映出的倾向性问题、管理漏洞和监管机关尚未发现的情形，及时制发社会治理检察建议，以"我管"促"都管"，督促行政机关依法履职、落实整改，防止潜在的社会风险和社会矛盾的发生。

# 6. 宋某诉黑龙江省某市某区政府行政行为违法及赔偿监督案

【关键词】

一体化办案调查核实　检察听证　行政争议实质性化解

【案例简介】

2018年12月20日某市某区政府组织相关部门对宋某的违法建设房屋实施强制拆除。拆除后，某市国土部门对宋某等30户违建行为作出行政处罚。本次拆除工作中某区政府共拆除本区域违建房屋共30户，并对有照房屋进行了补偿，其中27户已按资产评估有限公司评估价值签订了协议并领取了补偿款，宋某不同意只对216平方米有照房屋进行补偿，要求对所有516平方米房屋均进行补偿，因此，未与某区政府达成补偿协议。2019年9月10日，宋某起诉至某市中级人民法院，要求确认某区政府拆除宋某房屋的行政行为违法并判令某区政府赔偿损失共计612万元。某市中级法院认为某区政府拆除宋某房屋的行为存在程序瑕疵，但不构成违法，宋某应该及时领取补偿款，认定其提出的赔偿请求缺乏事实和法律依据，不予支持，判决驳回宋某的诉讼请求。宋某不服一审判决，提出二审、再请，均未获支持，向黑龙江省检察院申请监督。

黑龙江省检察院依法受理并经调查核实，查明：宋某涉案房屋确实系违法建筑，但其建房是落实某市政府发展经济、推广"大棚经验"有关会议精神，为经营大棚种植蔬菜而建，且某区政府为其216平一层建筑办理了房产证。同时查明，其申请中主张的装修及设备损失费、营业损失费并没有相关证据进行支持。另查明，某区政府在实施强制拆除原告房屋前没有告知宋某享有陈述权、申辩权、依法申请行政复议或者提起行政诉讼的权利及未进行公告。针对调查中发现的问题，检察机关对双方进行释法说理，即指出某区政府在强拆程序上违法，并说明宋某应该在合法范围内争取补偿。最后，检察机关召开听证会议，通过释法说理、调解纠纷、听取双方意见等方式进一步化解争议，某区政府同意在按照评估金额补偿的基础上，补偿宋某相关利息，宋某最终同意和解方案。此外，鉴于未签补偿协议的另 2 户当事人已经向人民法院提起诉讼，检察机关办理案件后，将相关化解经验通报省高级法院，并要求当地检察机关协助法院做好其他 2 户当事人的化解工作。

【意义】

对于基于政府当时政策允许，在信赖利益保护下而建设的违法建筑，强制拆除的，政府应适当予以补偿；因政府原因未及时支付或提存行政补偿金所产生的利息属于直接损失的范围，应予补偿。疫情防控常态化下，检察机关要上下联动，省、市、县一体化办案，综合运用公开听证、调查核实、释法说理等手段，形成实质性化解行政争议的合力，促进行政争议得到实质性化解。

# 7. 江苏省某市检察院督促治理非法转卖营业执照案

【关键词】

行政违法行为监督　非法转卖营业执照　大数据监督

【案例简介】

苏州某市检察院在办理一起行政非诉执行监督案件中发现，该市某门诊部营业执照载明的经营负责人与实际经营者不一致，证照以及对公账户均系该门诊部实际经营负责人从他人处违法购买后用于经营活动，导致市场主体混乱、法律责任不明、行政处罚无法执行。某市检察院对此现象展开进一步调查，发现秦某涉嫌3次非法买卖营业执照的线索。通过比对营业执照、许可登记信息、裁判文书等，查实涉案营业执照仍处于正常存续状态，存在行政不作为的违法监督线索。某市检察院与该市行政审批局、市场监督管理局召开联席会议，明晰监管职权、法律适用、证据收集等问题，依法向市场监督管理局制发检察建议，要求依法调查核实，对非法转卖营业执照的行为依法作出处理。市场监督管理局收到检察建议后依法立案调查。为促进该问题依法治理，该市检察院与市场监督管理局签订《关于深化市场监督管理局行政执法与检察监督联动机制的协议》，进一步畅通信息共享、线索移送渠道，共同推动市场主体法治化建设。

苏州市检察院以该案为基础，发挥检察机关上下一体化工作优势，通过种子案例建立大数据监督模型，并在全市推广应用，指导督促所辖基层检察院开展监督。某市检察院向该市市场监督管理局制发类案检察建议，随案移送处理18条被非法买卖的营业执照线索。后续苏州市两级检察机关制发检察建议6份、移送相关线索70条，均建议市场监督管理部门立案处理，通过吊销营业执照、列入失信名单、市场主体吊、注销信息实时推送银行系统等形式，在实践层面共同推动类案问题的解决。

【意义】

检察机关在履职中要注重发现行政违法监督线索。针对非法转卖营业执照问题，可通过联席会议、检察建议等形式，厘清职能、打破信息壁垒，多措并举督促履职，同时建立完善相关机制，推动行政执法与行政检察信息互通、有效衔接。检察机关办案中要发挥上下一体优势，善于从个案现象中归纳提炼类案情形，推动大数据建模应用，着力发现类型化、领域性的问题线索，扩大法律监督精准度、覆盖面，提升行政检察监督质效，为规范市场主体行为、共建法治化营商环境贡献检察力量。

# 8. 陈某诉浙江省某县政府房屋征收补偿及行政赔偿监督案

【关键词】

行政裁判执行监督　房屋征收补偿　行政赔偿

【案例简介】

2016年2月14日，陈某因不服签订的《房屋征收货币补偿协议》《房屋征收产权调换协议》，向浙江省某县法院提起行政诉讼。某县法院委托重新测量，确定房屋面积为400.71平方米，判决确认上述协议无效。某县政府据此重新作出补偿决定。陈某仍不服，向某市中级法院起诉。某市中级法院判决确认房屋补偿决定违法；二审判决撤销补偿决定，责令重新作出补偿决定。陈某申请再审，被驳回。

在诉讼过程中，陈某的房屋被强制拆除。陈某向某市中级法院提起强拆违法确认之诉。法院经审理，判决确认强制拆除行为违法。据此陈某向该县政府申请国家赔偿。某县政府作出《行政赔偿决定书》，赔偿陈某物品损失人民币3540元及返还部分物品。陈某不服，向某市中级法院提起行政诉讼。法院判决驳回陈某要求对涉案房屋作出赔偿的请求，由某县政府赔偿陈某物品损失28540元。陈某提出上诉、申请再审均未获支持，先后就两案向检察机关申请监督。

省检察院依法受理并调查核实，查明：法院判决责令某县政府重新作出补偿决定，以及判决某县政府赔偿陈某物品损失28540元并无不当；但某县政府一直未履行责令重新作出对陈某的房屋征收补偿决定的生效判决，生效判决长期未得到执行，陈某的合法权益一直未能实现。2022年1月，浙江省检察院在全面审查后依法作出不支持监督申请决定。同时，向浙江省高级法院发函，建议审判机关依据《行政诉讼法》第96条的规定，督促某县政府执行生效判决。

依托一体化办案机制，省检察院与市县两级检察院开展争议化解工作，多次与陈某及其家属、县政府及建设局沟通，并与法院配合，督促某县政府依法行政。2022年3月19日，陈某与该县政府重新签订补偿协议，并向检察机关作出息诉承诺。事后,陈某向浙江省检察院赠送锦旗表示感谢。

**【意义】**

检察机关办理涉及房屋拆迁安置类监督案件时,权衡抗诉监督与争议化解的利弊,将重点放在促成案结事了、秩序恢复上。通过"一体化"办案机制,建立多元化沟通渠道,在"坚持法治,回归理性"中,持续跟进监督。对于行政机关拒不执行判决的情形,通过发函给法院的方式督促执行。引导双方在合理合法范围内达成和解,真正将以人民为中心的检察监督理念落到实处。

# 9. 张某佳诉安徽省某市某区某镇政府行政协议监督案

【关键词】

抗诉改判　诉讼标的　生效裁判、调解书羁束力　拆迁补偿

【案例简介】

2017年7月17日，张某佳所有的位于某镇某村502、602室房屋因政府建设项目纳入征收范围，其与某镇工作组签订《征收集体所有土地房屋拆迁补偿安置协议书》（以下简称《协议书》），合计拆迁补偿金额52万余元，其中载明602室房屋建筑面积188.2平方米。因拆迁款由某村委会负责发放，张某佳多次索要未果，以某村委会为被告提起民事诉讼，要求其支付拆迁补偿款52万余元及利息。经法院调解，双方达成协议，某村委会支付张某佳38万余元，并注明若张某佳有证据证明其应当得的房屋拆迁补偿款超出该数额，其有权另行主张。

2019年6月16日，张某佳以某镇政府为被告、某村委会为第三人提起行政诉讼，请求判令被告支付其剩余的拆迁安置款及逾期利息。某区法院一审判决扣除民事调解书中确定的应支付款项38万余元，某镇政府支付给张某佳拆迁安置款14万余元。某镇政府上诉，二审法院认为，法院的生效民事调解书已对张某佳的拆迁安置款作出了约定，张某佳应按照约定履行，并以该案的"诉讼标的已为生效调解书所羁束"为由，裁定撤销一审行政判决，驳回起诉。张某佳申请再审被驳回后，向检察机关申请监督。

滁州市检察院经调取《房屋分套建筑面积计算成果表（实测）》，走访其他被拆迁人、调阅其拆迁协议等调查核实查明，张某佳602室房屋面积188.2平方米中，跃层面积为68.2平方米，某村委会不认可《协议书》中的跃层补偿部分，故在民事调解中仅支付其部分补偿款；同一小区相同户型的被拆迁户均将跃层面积计算在内，并给予了相应补偿。审查认为，法院以"诉讼标的已为生效调解书所羁束"为由裁定驳回起诉确有错误，遂提请抗诉。

安徽省检察院审查后认为：首先，二审法院裁定系将"诉讼标的"与"诉讼标的物"的概念相混同。"诉讼标的"通常指当事人主张或者否认的权利或者法律关系；在行政诉讼中，一般是指行政行为的合法性。具体到本案中，即是镇政府与张某佳签订行政协议行为的合法性。而"诉讼标的物"则是被诉行政行为指向或涉及的对象，本案中即是行政协议所涉及的拆迁安置补偿款。其次，二审裁定关于对"生效裁判既判力"的理解不全面。既判力的范围一般只及于相同的当事人以及相同的诉讼标的。本案的诉讼标的是镇政府与张某佳签订行政协议行为的合法性；而张某佳诉村委会返还补偿款一案的诉讼标的，是房屋拆迁安置补偿款给付的民事法律关系。最后，"诉讼标的为生效裁判所羁束"应当是指当事人起诉所指向的诉讼标的已不具有可争议性，诉讼标的物的归属或者法律关系的性质，已经被生效的法院裁判所确认。案涉民事调解书虽就拆迁安置补偿款项给付数额达成调解，但是调解书同时指出"若张某佳有证据证明其应当得的房屋拆迁补偿款超出协议第一项确认的数额，张某佳有权另行主张"。综上，原审判决认定本案诉讼标的已为生效调解书所羁束，适用法律确有错误。安徽省检察院依法提出抗诉。安徽省高级法院裁定提审。再审期间，检法两院共同推进涉案争议的实质性化解，促成张某佳与某镇政府达成和解协议并获协议补偿款，后张某佳申请撤回再审申请。

**【意义】**

行政协议是行政机关与公民、法人或其他组织平等协商而签订的，为保障相对人的信赖利益，并督促行政机关诚实履约，确保行政公信力，检察机关全面阅卷后，围绕案件事实主动开展调查核实，通过实地走访、查阅、调取相关资料等方式，查清案件事实。同时，加强调查研究，厘清法律关系，明晰"诉讼标的已为生效调解书所羁束"的法律适用，注重说理，为"精准监督"提供充分依据，促进行政争议得到依法、公平、有效解决。

# 10. 陈某兴诉安徽省某市人社局撤销不予认定工伤决定监督案

【关键词】

抗诉改判　工伤认定　工作原因　暴力伤害时空的拓展性

【案例简介】

2016年8月25日，甲方某房地产开发公司（以下简称房地产公司）与乙方陈某兴签订劳动合同，甲方聘用乙方担任常务副总职务。2016年12月1日，房地产公司法定代表人授权陈某兴担任其公司发包的某工程项目负责人。2017年4月2日19时许，陈某兴因工作原因外出，被某工程项目施工人员因工作原因雇凶伤害，故意伤害的事实已由法院生效刑事判决认定。经鉴定，陈某兴的人体损伤程度属轻伤一级。2018年2月1日，陈某兴申请认定工伤，某市人社局以不属于工伤认定范围为由作出不予认定工伤决定。陈某兴申请行政复议，省人社厅作出行政复议决定，认为陈某兴受到暴力伤害不是发生在工作时间和工作场所内，不具备《工伤保险条例》关于暴力伤害应认定为工伤的时间和空间要求，不符合工伤认定条件。陈某兴不服，于2019年10月8日起诉至某区法院，诉请撤销不予认定工伤决定和行政复议决定并责令人社局重新作出工伤认定决定。一审法院经审理支持了陈某兴的全部诉请。房地产公司提起上诉，二审法院经审理判决撤销一审判决，驳回陈某兴的诉请。陈某兴申请再审被驳回，向检察机关申请监督。

某市检察院经审查提请安徽省检察院抗诉。检察机关认为，《工伤保险条例》第14条第3项规定在工作时间和工作场所内，因履行工作职责受到暴力等意外伤害的，应当认定为工伤；最高人民法院《关于审理工伤保险行政案件若干问题的规定》第4条第4项规定其他与履行工作职责相关，在工作时间及合理区域内受到伤害的，社会保险行政部门认定为工伤的，法院应予支持。陈某兴系房地产公司常务副总及某工程项目负责人，已生效的刑事判决认定，2017年4月2日下午，实施暴力者在路口等待陈某兴出现，至19时许对陈某兴实施暴力伤害。陈某兴系因履行工作职责而受到有预谋、有组织的暴力伤害,该暴力行为有时间的延续性和空间的扩展性,符合工伤认定的本质属性,二审判决适用法律确有错误。安徽省检察院提出抗诉后,安徽省高级法院指令某市中级法院再审。再审判决采纳抗诉意见,撤销二审判决,支持陈某兴的诉请。

【意义】

劳动法律关系中工伤保护的法律原则和精神是保障善意劳动者因工作或者与工作相关活动受到伤害后能够得到及时充分的救济。工伤认定中,工作原因是核心要件,受到暴力伤害与履行工作职责需具有因果关系,但暴力伤害可能存在滞后效应,具有时间上的延续性和空间上的拓展性,认定为工伤符合立法精神。检察机关通过精准抗诉,促请法院作出符合立法意图并合乎生活情理的裁判,保护劳动者合法权益,保障法律正确实施。

# 11. 福建省厦门市某区检察院对未履行执行和解监督系列案

**【关键词】**

行政非诉执行　行政处罚　执行和解　恢复执行

**【案例简介】**

2021年以来，厦门市某区检察院在履职中发现，某区生态环境局、农业农村局、市场监督管理局等作出行政处罚决定（罚款），在法院执行阶段与行政相对人达成执行和解协议，但在行政相对人未履行和解协议的情况下，上述行政机关均未及时申请恢复执行或就履行执行和解协议提起诉讼，导致"和解协议"成为一纸空文。某区检察院依法启动监督程序，开展调查核实。一方面，依法调取执行裁定书、执行和解协议书等法律文书，对辖区所有执行和解案件初步调查后立案，开展专项监督工作。另一方面，先后走访厦门市某区生态环境局、农业农村局、市场监督管理局。经调查核实，向某区生态环境局、农业农村局发出书面函各1份，向区市场监督管理局发出检察建议书1份，建议：一是通过向人民法院申请恢复执行原生效法律文书或就执行和解协议提起诉讼等措施，推动行政处罚决定执行到位；二是全面排查是否存在其他同类型案件，规范行使申请强制执行权利，强化对执行和解案件的跟踪，确保生效的行政处罚决定得到有效执行。

某区生态环境局、农业农村局、市场监督管理局均采纳建议。其中，某区生态环境局、农业农村局在对3起执行案件申请恢复强制执行后，已收到全部剩余的132839.13元执行款；某区市场监督管理局在申请恢复强制执行后，已收到部分执行款，后因当事人无财产可供执行，区法院已对其适用限制高消费措施并裁定终结本次执行。同时，上述行政机关均全面排查已申请强制执行的案件，未发现类似情况，并制定流程规范强化执行案件跟踪，确保生效的行政处罚决定得到有效执行。

**【意义】**

行政处罚是行政机关依法对违反行政管理秩序的公民、法人或者其他组织，以减损权益或者增加义务的方式予以惩戒的行为。行政处罚不能得到及时、有效、全面执行，影响政府公信力，损害法律的尊严和权威。检察机关秉持穿透式监督理念，探索对行政机关执行和解的"后半篇"进行监督，通过检察建议、函告等方式督促行政机关依法履职，以个案推动行政机关开展专项排查，确保行政处罚能得到有效执行，也促进行政机关对此类案件规范案件跟踪流程，形成专门管理台账，确保依法行政，维护行政执法权威和司法公正。

# 12. 余某林诉江西省某县自然资源和规划局不动产变更登记监督案

**【关键词】**

再审检察建议　不动产登记　公开听证

**【案例简介】**

2019年10月，余某林通过司法拍卖以252万余元价格竞得建筑面积为709.66平方米的涉案房屋，因原房主曾某某不配合腾房，未及时办理产权变更登记。2020年4月，曾某某向江西省景德镇市某区法院提起行政诉讼，请求更正涉案房屋房产证的建筑面积。某区法院未通知余某林参加诉讼，便以委托房地产评估规划测绘机构的测绘结果为依据，认定涉案房屋建筑总面积732.77平方米，判决某县自然资源和规划局履行对涉案房屋房产证中房屋建筑面积更正登记的法定职责。余某林提出执行异议、申请再审均被驳回，并补交房屋面积误差款8.2万余元。余某林不服，向景德镇市某区检察院申请监督。

区检察院受理后组成以检察长任主办检察官的办案组，开展了调查核实工作，查明涉案房屋于2001年首次登记，2019年7月2日之前，涉案房屋二、三、四楼阳台并未封闭。为进一步查明案情，检察机关邀请具有建筑专业知识的人员担任听证员进行了公开听证。听证员当场指出，房产证所附测绘图虚线与实线的区别，未封闭阳台为虚线绘图，封闭阳台为实线绘图。经比对，涉案房屋产证所附测绘图阳台处系虚线绘图，与检察机关调取的证据相互印证。检察机关审查认为，原审法院未查明余某林为涉案房屋实际权利人，未通知其到庭参加诉讼，剥夺了其陈述、举证、辩论等诉讼权利，违反法定程序，可能影响公正审判；法院根据测绘机构对房屋现状的测绘结果，责令某县自然资源和规划局进行房屋面积变更登记，属事实认定不清、适用法律错误，符合法定监督条件。经检察委员会讨论决定，某区检察院向某区法院发出再审检察建议。某区法院采纳建议并依法裁定再审。2022年9月29日，某区法院再审判决撤销原判，驳回曾某某的诉讼请求。

**【意义】**

房屋变更登记关乎当事人重大切身利益。检察机关在认真审查案卷材料、深入调查核实基础上，积极借助"外脑"，通过公开听证发挥听证员专业优势，准确、全面厘清改造与封闭建筑物对房屋变更登记面积可能产生的影响。检察机关根据调查核实的事实、证据精准监督提出再审检察建议，推动法院启动再审并改判，维护行政相对人合法权益。

# 13. 张某诉山东省某县某镇政府信息公开诉讼执行监督案

【关键词】

行政诉讼执行　政府信息公开　检察建议　争议化解

【案例简介】

2020年2月,张某向某镇政府申请公开其所在村村民签订的《旧村改造拆迁补偿分配安置协议》(以下简称《安置协议》)。该镇政府作出《答复书》载明:张某申请公开的信息不属于其公开职责权限范围,建议向所在村民委员会咨询。2020年6月15日,张某不服镇政府作出的政府信息公开答复书,提起行政诉讼。某县法院认为镇政府作出书面答复认定事实不清,证据不足。判决撤销《答复书》,责令重新作出答复。某镇政府一直未履行生效判决,张某遂申请强制执行,县法院认为不符合执行立案条件,不予立案执行。2022年3月,张某向县检察院申请监督。

县检察院经调查核实查明,张某申请公开的《安置协议》相关信息关涉其切身利益;因村委换届问题,该村旧村改造拆迁项目由某镇政府代管;某镇政府未执行判决的理由是即使重新作出答复也是告知张某向村委咨询。某县检察院审查认为,根据我国《村民委员会组织法》第31条、《政府信息公开条例》第36条相关规定,镇政府对村委会不及时公布应当公布的事项或者公布的事项不真实的,应当负责调查核实,责令依法公布。本案中,某镇政府存在未完全履职的情况,应当对张某反映的情况进行调查核实并重新作出答复,原审法院应当予以强制执行。为实质性解决行政争议,县检察院发出检察建议,建议镇政府依法履行职责,对张某的申请重新作出答复。

某镇政府采纳检察建议,了解核实相关情况,并监督指导村委予以公开,同时书面答复张某可前往村委查阅。张某前往村委查阅该村《安置协议》,了解到其与其他村民享受同等的拆迁安置待遇,遂同意其宅基地置换安置方案。县检察院结合本案办理情况,邀请法院、各镇政府召开座谈会,对今后类似案件的裁判执行进行沟通协商,理顺本地关于镇政府信息公开答复类行政案件判决执行的衔接配合关系，确立了处理该类案件的执法、司法标准和程序，从根本上防范此类行政争议的发生。

**【意义】**

检察机关通过履行行政检察监督职能，发挥"一手托两家"的优势，推动解决行政判决执行难题，维护行政相对人合法权益，督促行政机关依法履行信息公开职责。同时，着眼于政府信息公开问题的深层次解决，推动法院、行政机关就此类问题加强沟通研究，确立本地处理此类案件的执行程序，建立相关工作衔接机制，推进完善基层治理体系，实现案结事了政和。

# 14. 丁某诉河南省某市质量技术监督局某区分局行政处罚监督案

**【关键词】**

抗诉改判　强制性产品认证　行政处罚　专业咨询

**【案例简介】**

2010年7月7日，河南省某市质量技术监督局某区分局（以下简称区质监分局）以个体工商户丁某销售的"科"牌和"宝"牌家电未经强制性产品认证（3C认证）为由，罚款5万元。丁某诉至法院，法院生效判决以"宝"牌家电违法销售无事实依据为由，撤销处罚决定，责令重新作出行政行为。

2015年5月26日，区质监分局重新作出行政行为，认为丁某销售的"科"牌电器在产品包装上标注了未获得3C认证的制造企业深圳某有限公司的厂名厂址，丁某的行为属于国家认监委《关于对强制性产品认证执法检查有关问题的复函》（国认法函〔2004〕118号）（以下简称《复函》）明确的违法行为，即"未获强制性产品认证的企业委托已获得强制性产品认证的生产企业生产强制性产品认证目录内的产品，在产品上标识未获强制性产品认证生产企业厂名，出厂销售的行为"，决定罚款7万元并责令改正。丁某不服，提起行政诉讼。一审法院判决驳回诉讼请求。丁某提出上诉、申请再审，均未获支持。丁某向检察机关申请监督。某市检察院审查后提请抗诉。

河南省检察院受理后开展调查核实，咨询河南省市场监督管理局案涉《复函》的适用条件。该局回复称：案涉《复函》中违法主体特指未获得强制性产品认证的生产企业；违法情形特指未获得强制性产品认证的生产企业委托生产时，在产品中仅标注未获得强制性产品认证生产企业的厂名、厂址。同时查明："科"牌电器是制造商深圳某有限公司，授权委托中山市某电器有限公司制造生产的产品。中山市某电器有限公司营业执照、国家强制性认证等证件齐全有效。"科"牌电器在产品包装上标注了两家公司的厂名厂址。审查认为，丁某作为个体工商户而非生产企业，销售案涉家电由获得国家强制性产品认证的中山市某电器有限公司生产，不符合《复函》所规定的违法行为特征。此外，区质监分局在违法事实减少的情况下，行政处罚罚款金额不减反增，明显不当。据此，河南省检察院提出抗诉。2022年5月30日，省高级法院采纳抗诉意见，依法改判，撤销行政处罚决定书和责令改正通知书。

**【意义】**

在当前疫情反复、经济下行压力较大的形势下，稳市场主体就是保就业、保民生。检察机关应当监督人民法院依法撤销错误行政行为，维护市场主体的合法权益。检察机关开展行政诉讼监督，涉及行政执法领域专业问题时，可以咨询专业人员和相关部门，补强监督意见的说理性和说服力，提高监督的精准性，同时应当坚持全面审查监督，既要注重监督行政行为的合法性，也要加强行政行为合理性的监督。

# 15. 李某诉湖北省某市某街道办履行政府信息公开职责监督案

【关键词】

抗诉改判　政府信息公开　检察建议　"三需要"

【案例简介】

2017年7月，李某向湖北省某市某街道办事处（以下简称某街道办）申请公开其所在小区拆迁还建房的《拆迁还建台账》及《住宅分房台账》。2017年9月，某街道办作出《处理意见书》，认为李某所反映的要求因涉及个人隐私，不予公开。李某不服，诉至法院。一、二审法院均认为，李某在庭上明确其申请信息公开是为了查处违规行为，不属于《政府信息公开条例》（2008年）规定中可以申请信息公开的"自身生产、生活、科研需要"（以下简称"三需要"）等范围，判决驳回李某诉讼请求。李某向某市检察院申请监督，该院审查后提请湖北省检察院抗诉。

湖北省检察院审查认为，终审判决适用法律、法规确有错误。根据《政府信息公开条例》（2008年）第11条第3项和第13条的规定，征收或者征用土地、房屋拆迁及其补偿、补助费用的发放、使用情况等属于政府应主动公开的政府信息，不属于因"涉及个人隐私"而不能公开的范围。无论申请人目的如何，案涉政府信息属于政府应主动公开的政府信息。

湖北省检察院向省高级法院提出抗诉。省高级法院于2021年7月6日作出行政判决，采纳了检察机关意见，判决撤销原一、二审判决，撤销某街道办作出的《处理意见书》，责令其重新予以答复。

2021年10月8日，某街道办以李某申请公开的政府信息属于尚未形成的政府信息以及涉及个人隐私的信息为由，依然作出不予公开决定。2021年12月16号，某区检察院认为某街道办应纠正违法情形，依法履行政府信息公开职责，向其发出检察建议。2021年12月22日，某街道办采纳检察建议，将相关政府信息向李某予以公开。

【意义】

涉及土地征收、房屋征收等方面的政府信息属于政府机关主动公开的信息范围，具有一定的公共利益属性。检察机关厘清主动公开与依申请公开的范围、准确把握信息公开中公益和个人隐私权的让渡以及对"三需要"的适用条件和范围，监督人民法院公正审判。对于行政机关重新作出与法院判决相悖的行政行为，积极开展行政违法行为监督，促进行政机关依法依规做好相关信息制作、保存和答复工作，构建政府信息公开良好生态，保障了征地拆迁领域中被征收人补偿安置待遇的知情权。

# 16. 湖北省某市某区检察院对路政执法罚缴不分监督案

【关键词】

路政执法　罚缴分离　检察建议　诉源治理

【案例简介】

2017年4月20日，湖北省高速公路管理局对某物流公司超载作出行政处罚，载明罚款缴纳至某高速公路路政执法总队账户。7月作出行政强制执行催告书，载明罚款及加处罚缴纳至省高速管理局账户。某物流公司不服行政处罚诉至法院，经两审终审均未获支持。高速公路管理局于2018年8月15日向某市某区法院申请强制执行，同年12月17日执行完毕。某区检察院在对法院行政案件执行活动监督中发现线索，依职权监督。

某区检察院经调查核实查明，省高速公路管理局在多起行政处罚案件中均存在"罚缴不分"问题，违反了《行政处罚法》（2017年）第46条关于"罚缴分离"的规定。2021年8月，某区检察院向省高速公路管理局发出检察建议，要求省高速公路管理局对本单位行政执法活动进行专项清查整改。省高速公路管理局采纳检察建议，将缴纳账户变更为财政部门。某区检察院持续关注整改情况，多次进行回访和座谈，并推进省直非税收入征收系统与省高速公路管理局办案系统对接。在多部门的联合推动下，实现了路政执法罚款收缴电子化。2022年8月23日，省高速公路管理局发出《关于通过省财政厅非税收入收缴电子化管理系统收缴罚款的通知》，从2022年9月1日起，罚款由当事人通过省财政厅非税收入收缴电子化管理系统直缴省财政指定的专户，实现了罚款缴纳方式的合法、便民、高效。某区检察院还开展类案监督，监督纠正区人力资源局行政执法中罚缴不分问题。

【意义】

"罚缴分离"是行政处罚的重要原则，交通路政执法涉及面广，"罚缴不分""自罚自收"问题严重损害行政执法权威。检察机关从人民群众可见可知可感的小事实事入手，监督纠正行政执法的"易错题""常错题"，推动全省路政执法"罚缴分离"规范化、电子化，从根源上解决问题，促进依法行政，提升公共管理和社会治理水平。检察机关依法能动履职，践行穿透式监督、系统监督理念，在履行法律监督职责中监督行政违法，坚持抓系统、系统抓，实现了办理一案、治理一片的良好效果。

# 17. 庾某某等人诉广西壮族自治区某县不动产登记局不动产登记监督案

【关键词】

抗诉改判　国有土地使用权　裁判理由　裁判依据

【案例简介】

1988年10月12日，广西壮族自治区某县土地管理局批复同意陈某、陈某某父子（已亡故）两户共169.4平方米作建房用地，该两户分别支付相应的土地补偿费，向有关机关缴纳了耕地占用税、管理费、工本费等相关税费，取得相应的土地使用权。2015年7月13日，某县政府作出1号处理决定，依法收回1988年批复给陈某、陈某某两户的国有划拨建房用地使用权，重新安置划拨136.79平方米的土地由庾某某（陈某之妻）、陈某甲、陈某乙（系庾某某、陈某子女）3人使用。庾某某等3人不服1号处理决定，提起行政诉讼，某市中级法院一审判决撤销1号处理决定。某县政府上诉后，广西壮族自治区高级人民法院二审判决撤销一审判决，驳回庾某某等3人的诉讼请求。庾某某等3人申请再审被驳回，最高人民法院驳回裁定在"本院认为"中指出："庾某某等3人继承的土地使用权于1989年初已经依法、依约缴纳相关土地出让费用，落实1号处理决定第（一）（三）项内容，不是重新出让涉案136.79平方米土地，不得再次收取土地出让费。某县政府不动产登记机关应当按照处理历史遗留问题的基本原则，及时给庾某某等3人补发国有土地使用证。"之后，庾某某等3人提交《补发（国有出让土地）不动产证申请报告》。2019年7月19日，某县不动产登记局书面告知提交办证申请及所需相关材料。庾某某等3人未重新提交办证申请及所需相关材料，认为某县不动产登记局未在法定期限内为其办理涉案建房用地的国有出让土地使用权证构成行政不作为，提起诉讼。

2019年12月30日，某县人民法院一审行政判决驳回庾某某等3人的诉讼请求。庾某某等3人上诉。2020年5月29日，某市中级人民法院二审判决撤销一审判决，责令某县不动产登记局在60天内依法为庾某某等3

人补发涉案建房用地的国有出让土地使用权证。某县不动产登记局申请再审被驳回，申请监督，某市人民检察院于 2021 年 7 月 9 日向广西壮族自治区人民检察院提请抗诉。

广西壮族自治区人民检察院经审查认为，依据当时的土地管理法（1987 年 1 月 1 日起实施），国有建设用地的取得只有划拨一种方式，《城镇国有土地使用权出让和转让暂行条例》（1990 年 5 月 19 日）发布实施后，出让制度方正式适用。在案证据除能证明陈某、陈某某向土地原所有权人（农村集体组织）支付相应的土地补偿费，以及向国家缴纳相应税费外，并无其二人向国家支付相应的土地使用权出让金的证据可供佐证。法院生效判决认定陈某、陈某某已向国家支付了相应的土地使用权出让金，其认定事实的主要证据不足。某市中级人民法院生效判决引用最高人民法院驳回再审申请裁定中"本院认为"部分内容作为裁判依据，来印证其认定本案基本事实，以及判令某县不动产登记局为庾某某等 3 人补发涉案土地国有出让土地使用权证，缺乏事实与法律依据。同年 10 月 29 日，广西壮族自治区人民检察院向广西壮族自治区高级人民法院提出抗诉。2022 年 10 月 24 日，广西壮族自治区高级人民法院作出再审行政判决，撤销某市中级人民法院二审行政判决，维持某县人民法院一审行政判决。

【意义】

驳回再审申请裁定系程序性裁定，其既判力仅限于判项。法院裁判"本院认为"部分阐述的是裁判理由，其所涉及相关事实并非均是通过举证、质证和认证活动后有证据证明的案件事实，裁判理由的内容不能被认定为"已为人民法院发生法律效力的生效裁判所确认的事实"，因此"本院认为"中提出的要求事项，无论在事实认定还是裁判结果上，对于其他案件均无拘束力和既判力。检察机关对于法院将"本院认为"内容作为裁判依据、适用法律错误情形，应当予以监督。

## 18. 李某诉海南省某市人社局工伤认定监督案

**【关键词】**

工伤认定　反复诉讼　滥用职权　行政争议实质性化解

**【案例简介】**

2016年6月25日15时许，海南省某市某中学校长郑某在该校监控室汇报中考考点情况时，突然晕倒倒地，后被送到医院治疗，目前仍在治疗中。郑某的妻子李某向某市人社局申请工伤认定，该局作出不予认定工伤决定书。李某不服提起行政诉讼，请求判决撤销该工伤认定，责令某市人社局重新作出工伤认定，一审法院予以支持，某市人社局不服上诉被驳回。2019年10月，某市人社局作出不予认定工伤决定书，李某不服诉至法院并获支持，某市人社局未上诉。2020年7月，某市人社局作出不予认定工伤决定书，李某不服诉至法院被驳回诉讼请求。李某不服提起上诉，二审法院判决撤销一审判决，撤销某市人社局作出的工伤认定并责令重新作出工伤认定，某市人社局申请再审被驳回。2022年2月，某市人社局作出不予认定工伤决定。李某不服向检察机关申请监督。

某市检察院依法受理并由检察长包案化解。审查认为，郑某在工作时间和工作场所晕倒倒地，现有证据不能排除郑某是在倒地后受到伤害且与其履行工作职责密不可分。法院判决责令某市人社局重新作出工伤认定后，该局违反法律规定，不履行法院生效判决，多次基于同一事实和理由作出相同的工伤认定，导致行政程序空转，侵害了郑某的合法权益，损害了司法权威和公信力。在调查核实和沟通协调基础上，某市检察院向市人社局发出检察建议。2022年4月25日，某市人社局采纳检察机关检察建议，撤销已作出的不予认定工伤决定书，给予郑某认定工伤。2022年11月，某市人社局已为郑某落实伤残补助金、伤残津贴、生活护理费等工伤待遇。针对本案中某市人社局存在的超期作出工伤认定的违法情形，某市检察院通过进一步调查，发现该问题具有普遍性，向市人社局制发检察建议，该局予以采纳。某市检察院发出检察建议后同步开展化解工作，主动与市人社局沟通，从法、理、情等方面分析市人社局应当作出属于工伤认定的事实和依据，面对面消除思想顾虑，并通过召开公开听证，释法说理，打开心结，促成和解。李某向检察机关赠送"依法监督办实事，执法公正护民权"的锦旗。

**【意义】**

检察机关办理法院多次判决责令人社部门重新作出工伤认定的案件，发现人社部门不履行法院生效判决，滥用行政处理决定权，基于同一事实和理由作出相同的工伤认定，应当依法提出检察建议，督促人社部门履行生效判决，减轻当事人讼累，维护行政审判权威。发现行政机关普遍存在一类违法情形，应当制发检察建议，督促行政机关及时整改，促进行政机关依法行政，提升办案整体质效。

# 19. 费某与重庆市某区社保中心工伤保险待遇先行支付执行监督案

【关键词】

执行监督　工伤保险　先行支付　诉源治理

【案例简介】

费某系重庆某装饰公司员工。2015年7月1日，费某在工作中不慎摔伤。2016年8月22日，重庆市某区人力资源和社会保障局认定费某受伤性质属于工伤。后经仲裁裁决，重庆某装饰公司支付费某伤残补助金等各项工伤费用。费某向某区法院申请强制执行，因暂未发现可供执行的财产，该院裁定终结本次执行程序。2018年6月21日，费某向重庆市某区社保中心申请工伤保险待遇先行支付，因重庆某装饰公司未为费某及所在单位全部员工办理社会保险，该中心决定不予支付。费某于2018年8月7日向某区法院提起行政诉讼，该院判决该中心履行对费某先行支付工伤保险待遇的给付义务。后费某申请执行，因该院执行部门认为该案执行标的暂不明确，不具备执行的条件，故裁定终结执行。

费某认为执行活动违法遂向重庆市某区检察院申请监督。某区检察院受理案件后于2022年7月1日召开了公开听证。通过听证，费某与某区社保中心达成和解，费某撤回监督申请，该中心随后履行了工伤保险待遇先行支付。针对辖区内部分工程建设项目存在施工单位未为职工缴纳工伤保险问题，某区检察院与该区住房城乡建委进行公益诉讼前磋商，并形成磋商意见：某区住房城乡建委在职责范围内对该区10个工程建设项目工伤保险缴纳进行督促；某区住房城乡建委与区人社局、区税务局建立工程建设项目工伤保险征缴协作机制，保障工伤保险依法征缴。

【意义】

实践中，对职工的工伤保险待遇得不到及时支付致使申请人遭遇严重诉累。检察机关通过以听证促成和解，在督促社会保险经办机构依法履行先行支付义务的同时，促成申请人的谅解并撤回监督申请，实现了行政争议实质性化解。同时，促使相关职能部门依法履行工伤保险缴纳督促、征缴职责，有效推动用人单位为职工购买工伤保险，从根本上解决问题，有效助推诉源治理。

# 20. 王某等人诉四川省某市公安局、某派出所行政登记监督案

**【关键词】**

再审检察建议　行政登记　穿透式监督　诉源治理

**【案例简介】**

2015年，四川省某市政府为实施项目建设，依法征收案涉王某等9人所在村组农村集体土地。某市国土局发布征收公告载明征收采取社保方式安置，公告期内无人提异议，某市政府遂批复同意被安置人员办理"农转非"手续。某派出所按某镇政府制作的"农转非"审批花名册确定的名单，将王某等9人在内的被安置人员户籍地址从原址迁移至该派出所建立的城镇公共户口簿。某镇政府为被安置人员办理了城镇社保。此后，王某等9人发现本人的户籍地址被迁移，多次要求某派出所撤销未果，遂分别以某市公安局、某派出所为被告提起行政诉讼，请求法院判决撤销该行政行为。

一审法院认为，公安机关将王某等9人户籍地址迁移城镇，系失地农民社保安置的前提，不属于《户口登记条例》（以下简称《条例》）规定的公民个人申报的情形，故户籍迁移登记依职权启动程序不违法，且行政登记行为对行政相对人的权利义务不产生实际影响，遂裁定驳回起诉。王某等9人不服，上诉后二审法院维持原判，申请再审被驳回后遂向检察机关申请监督。

四川省某市检察院依法受理并经调查核实、类案检索后认为，生效裁定认定案涉行政登记行为不违法系适用法律错误，且未经实体审查认定行政行为不影响当事人权益系缺乏证据证明。据此市检察院向市中级法院提出再审检察建议9件。法院全部采纳并希望与检察机关共同化解矛盾。市检察院对审查中发现的公安机关行政违法行为进行穿透式监督，发出社会治理检察建议1件，推动当地户籍变更登记的规范化管理。同时，通过公开听证实质性化解了该系列行政争议。

**【意义】**

户籍登记关系公民合法权益,户籍主管部门办理过程中应遵循正当程序原则,即履行调查、告知、听取陈述、申辩等程序,保证行政相对人的程序性权利。《条例》未对集体土地征收后失地农民"农转非"时户籍地址变更的申报办理程序作特别规定,户籍主管部门应当遵守该《条例》中关于户籍地址依申请迁移的规定。征地拆迁过程中的行政争议是城市化进程中县域社会治理的"老大难"。检察机关主动融入党委政府村级建制和户籍制度改革等工作大局,以"如我在诉"的理念监督法律法规正确实施,同时,通过本系列案件的示范和辐射效应,成功对征地过程中其他类似情形诉源治理,化解大批潜在争议,实现党委、政府、司法机关和行政相对人的多赢共赢。

# 21. 田某军诉贵州省某县自然资源局行政登记监督案

【关键词】

抗诉改判 授益性行政行为 共有权利人

【案例简介】

2016年8月5日,某县原国土资源局(以下简称国土局)按田某国申请向其颁发集体土地使用权证,将某村面积为94.96平方米的土地使用权人登记为田某国。后田某国以某县"两违"清理政策为依据向国土局申请对该地进行国土登记。同年8月22日,国土局向田某国颁发国有土地使用证。田某军(系田某国之父)以案涉土地系其继承老房宅基地,国土局未经村委会、其本人同意和某县政府批准违法颁证,使田某国用该证办理抵押贷款,造成其家人重大经济损失等为由,于2019年6月12日诉至某县法院,诉请撤销该国有土地使用证。一审判决国土局未报某县政府批准为田某国颁证违法,撤销该国有土地使用证。国土局提起上诉,二审法院认为,田某军与田某国已分户,但一直共同居住和生活,案涉土地属家庭共有财产,国土局依田某国申请,向其颁发国有土地使用证,使该集体土地性质变更为国有性质,属授益性行政行为,并未损害田某军的合法权益;田某国使用该证向银行抵押贷款系另一法律关系。故判决撤销一审判决,驳回起诉。田某军申请再审被驳回后,申请检察监督。

黔东南州检察院经审查于2021年7月28日提请贵州省检察院抗诉。检察机关经调阅颁证档案、了解颁证过程,深入居住村委、了解田氏父子情况,咨询专家等调查核实,查明:该土地上的房屋系田某军与前妻2005年(田某国当时系未成年人)修建,其物权权属为田某军原夫妻二人;办证材料《集体土地使用权审批表》记载家庭人口数5人,但《地籍调查表》没有家庭其他成员的任何信息;《国有土地使用权登记审批表》《土地登记会审表》《征用土地协议书》中相关部门意见、领导签字等栏均为空白。贵州省检察院经审查认为国土局未尽审慎审查义务,将案涉土地仅向田某国颁证的行为损害了田某军的合法权益,故田某军不是颁证行为的授益人；生效裁定认定事实的主要证据不足，适用法律法规确有错误，依法提出抗诉。省高级法院指令州中级法院再审。省、州两级检察院加强与法院沟通交流，促进统一认识。2022年11月10日，州中级法院判决撤销二审裁定和原国土局颁发给田某国的国有土地使用证。

**【意义】**

行政机关未尽审慎审查义务，未经共有权利人同意将土地使用权证登记在个人名下的，依法应当予以撤销；生效判决以集体土地使用权证变更为国有土地使用权证对共有权利人是授益性行政行为为由，驳回共有权利人起诉的，符合监督情形。检察机关办理行政诉讼监督案件，提出抗诉后应当加强与法院沟通交流，促进对案件事实、法律适用理解和认识的统一，促成依法改判，保障法律统一正确实施。

# 22. 李某清诉云南省某县自然资源局土地使用权登记监督案

【关键词】

土地使用权登记　检察建议　行政争议实质性化解

【案例简介】

李某清居住的老宅系其与母亲1970年所建。某县制发的《关于清理土地和个人房屋现状调查登记表》载明：李某清与其母李刘氏是该宗宅基地的权利人，二人各占50%的份额。李刘氏去世后，李某清之兄、姐及其子女自愿放弃老宅继承权。李某德系李某清亲弟，从小读书离家，退休后居住在省外。2009年3月，李某德向某县自然资源局申请变更了该老宅宅基地使用权登记，领取该宗土地使用权登记证书，私自将该宅基地卖给外村村民杜某某。2021年1月，李某清向某县法院提起行政诉讼。某县法院判决撤销李某德的土地使用权证，驳回李某清其他诉讼请求。李某清以该行政判决申请办理土地使用权登记手续，被告知因该宅基地产权不清，暂时无法办理。2021年9月20日，李某清向某县检察院申请监督。

某县检察院受理后，发现除行政诉讼外，李某清还提起了民事诉讼。因该行政争议需要以民事诉讼审理结果为参考依据，检察机关持续关注案件审理情况。2022年5月25日，某市中级法院就民事诉讼作出终审判决，判决涉案房屋归李某清所有，李某德作为法定继承人享有12.5%的继承权，由李某清于判决生效之日起10日内补偿李某德房屋折价款26570元。民事判决后，某县检察院及时启动行政诉讼监督程序，建议县自然资源局以民事生效判决确定的内容为依据，依法为李某清办理土地使用权登记手续。县自然资源局承诺尽快办理。

2022年6月底，李某清向检察机关反映，因原集体土地使用权登记的是案涉宅基地为李某清和其母李刘氏二人共有，缴纳税款的程序设置要求提供原证上全部所有权人的身份证，但李某清的母亲于1992年去世，且生前没有办理过身份证，导致缴税手续办理受阻，进而无法办理土地使用权登记。承办检察官多次与某县税务局负责人、办税人员交流座谈，建议税务机关充分考虑当事人的特殊情况，协调解决该问题。县税务局听取检察机关建议，层报省级税务机关。省级税务机关针对李刘氏无身份证，且本人已去世无法补办这一特殊情况，调整了办税程序设置，专门开辟出针对此类情况的特殊通道。2022年7月18日，李某清顺利拿到了土地使用权登记证书。

【意义】

检察机关在履行法律监督过程中主动履职，针对税务机关在程序设计上的瑕疵导致当事人无法办理完税手续问题，检察机关与行政机关沟通协商，推动税务机关通过调整设置、开辟针对特殊情形的通道，彻底解决争议，体现了司法机关和行政机关用心用情为民解忧的担当作为。

# 23. 某公司诉西藏自治区人社厅、某市人社局工伤认定监督案

【关键词】

穿透式监督　工伤认定　行政争议实质性化解

【案例简介】

2017年8月15日，李某在某建筑公司（以下简称某公司）项目工地突然呼吸困难并晕倒，在被送往医院途中死亡。唐某（李某之妻）和李某某（李某之子）向某市人社局提交工伤认定申请，市人社局作出不予工伤认定决定。唐某不服，申请行政复议，西藏自治区人社厅于2018年7月10日作出复议决定，撤销原行政行为，重新作出认定。某市人社局迟迟未重新作出认定。人社厅于2019年6月14日制发行政复议意见书，责令其限期整改。某市人社局于2019年8月28日对李某作出工伤认定决定。某公司不服，申请行政复议，人社厅于2019年12月21日作出复议决定，维持市人社局作出的工伤认定。

某公司不服市人社局作出的工伤认定决定及人社厅作出的行政复议决定，于2020年1月9日向某区法院提起行政诉讼。某区法院认定李某符合视同工伤规定的情形，判决驳回全部诉讼请求。二审、再审均被法院驳回。2022年1月5日，某公司向检察机关申请监督。

某市检察院受理后，通过调阅法院卷宗，向市人社局、某公司等调查核实，认为：法院生效裁判并无不当，但作出不支持监督申请决定并不能有效解决某公司与某市人社局、人社厅之间的行政争议，以及与唐某、李某某之间因工伤认定引发的民事纠纷，遂决定开展行政争议实质性化解工作。由于疫情原因，案件承办检察官先后32次通过电话与当事人进行联系沟通，分析问题症结，聚焦减少"诉累"，充分释法说理。2022年3月25日，某公司与唐某、李某某签订《工伤赔偿协议》并撤回监督申请，双方签订《息诉罢访承诺书》。2022年5月1日，某公司按照协议将50万元工伤赔偿金汇入李某某的银行账户，李某某表示其与某公司的民事纠纷在法院撤诉。2022年7月12日，李某某给市检察院送来锦旗致谢。

针对某市人社局存在的逾期重新作出行政行为等问题，市检察院于2022年4月24日制发检察建议，市人社局于2022年5月25日回复采纳检察建议并及时进行整改。

【意义】

人民检察院办理工伤认定类行政诉讼监督案件，加强调查核实，透过行政争议准确掌握当事人的真实诉求，找准各方利益平衡点，分类施策，促成行政争议和关联民事纠纷一揽子解决，有效维护当事人合法权益。针对工伤认定领域的深层次问题，依法提出检察建议监督纠正，促进行政机关依法行政，保障劳动者合法权益。

# 24. 陕西省某县人民检察院督促县交通运输局治理道路安全隐患案

**【关键词】**

道路交通安全一体化机制　类案监督　溯源治理

**【案例简介】**

陕西省某县是一个山区县，受地形条件所限，县域内地方道路环境复杂，坡陡弯急的情况大量存在。某县人民检察院在履行法律监督职责中发现，2021年，在全县公路弯道处，发生多起重大道路交通安全事故，造成4人死亡。经对2020年以来全县交通肇事案件进行梳理，对统一业务应用系统交通肇事罪办案数据、交警部门道路交通事故数据进行分析碰撞，询问相关人员、走访行政机关，查明：2020年1月至2022年6月，全县公路弯道处共发生交通事故379起，导致9人死亡，73人受伤，占全县各类交通事故总数的30.8%，死亡人数的50%，受伤人数的49.7%。为了进一步查明原因，某县人民检察院对县域内发生交通事故的重点路段开展现场勘察40余次，经查询《公路工程技术标准》《道路交通标志和标线》等国家标准，咨询交通行业专业人员意见，查明：小半径曲线路段是交通事故的高发点，相关交通标志和标线、凸面镜和视线诱导设施设置不合理是交通事故的高发频发原因。某县人民检察院审查认为，县域内部分道路交通安全设施未按照行业标准设置，某县交通运输局作为公路安全设施主管部门，存在履行职责不到位等问题。

2022年7月27日，某县检察院组织专家进行公开听证后向某县交通运输局提出检察建议：对全县地方道路开展安全排查，增补交通标志和标线，合理设置凸面镜和视线诱导设施等公路交通安全设施，全面开展路域环境、违法施工活动整治，推进国省干线与县乡道路平交路口"五小工程"建设。2022年9月29日，某县交通运输局回复采纳检察建议并进行整改。

**【意义】**

近年来，随着生活水平的提高，人民群众交通出行机动化水平大幅提升，但相对不完善的道路基础设施，特别是交通安全设施设置不合理等问题，带来了较高的交通安全隐患，严重影响人民群众生命、财产安全。检察机关在履行法律监督职责中，以个案切入，通过调查核实、专家咨询、公开听证、数据分析等查清交通事故多发原因，制发检察建议督促行政机关优化道路安全设施，从源头上防范弯道安全隐患，提升路域治理能力和水平，护航人民群众出行安全。

# 25. 甘肃省某物资公司等未依法缴纳水土保持补偿费非诉执行监督案

**【关键词】**

检察建议　执行和解　二次执行申请　民营经济

**【案例简介】**

甘肃省某物资公司等5家企业地处黄河上游重要产流区（降雨中产生径流的部分）。2019年4月至5月，某市某区水务局根据水土保持法向该5家企业作出水土保持补偿费征收决定。5家企业既未依法申请行政复议或提起行政诉讼，又未履行行政决定，区水务局遂申请强制执行。某区法院于2020年1月17日至3月4日分别作出准予执行裁定。同年7月3日至6日，区水务局再次向区法院申请强制执行。法院审查期间，区水务局与其中4家企业达成延期缴纳的执行和解协议。区法院作出终结执行裁定。但4家企业未如期履行和解协议。另外一家企业一直未缴纳水土保持补偿费。案涉78万余元水土保持补偿费未能依法及时征收。

某区检察院在水土保持补偿费征收专项行政非诉执行监督活动中发现本案线索，遂依法监督。经调查发现，区法院作出准予执行裁定后，要求行政机关"二次申请"强制执行，不符合最高人民法院《关于适用〈中华人民共和国行政诉讼法〉的解释》第160条、《关于执行权合理配置和科学运行的若干意见》第13条和最高人民法院《关于办理行政机关申请强制执行案件有关问题的通知》第1条关于由法院内部移送执行部门的规定。区水务局在4家企业不按期履行执行和解协议后未依法及时申请法院恢复执行；征收决定书存在未依法列明加收滞纳金及滞纳金起算时间、计算标准等问题。

2022年4月，某区检察院分别向区法院、水务局发出检察建议，建议法院规范执行案件流转程序，避免行政机关"二次"申请强制执行；建议区水务局对未履行执行和解协议的案件及时申请法院恢复执行，规范行政决定书中加收滞纳金行政强制措施的适用。区法院采纳检察建议，并已全面恢复执行。区水务局迅速整改落实，规范行政征收决定书中滞纳金的适用，对未履行执行和解协议的案件依法申请法院恢复执行，跟踪法院执行案件情况。目前，为避免企业经营陷入困境，在某区检察院沟通协调下，区水务局对积极足额缴纳水土保持补偿费的企业减免滞纳金。

**【意义】**

水土保持和植被保护是黄河流域生态保护和高质量发展的重要内容。征收水土保持补偿费是预防和治理水土流失，改善地区生态环境的有力措施之一。检察机关通过监督，促进法院规范执行案件程序，推动行政机关水土保持补偿费及时征缴和使用，为区域内生态环境改善和经济社会可持续发展提供司法保障。注重服务保障民营经济健康发展，做到既维护了国家利益、公共利益，又避免引发和加剧民营企业经营风险。

# 26. 青海省某县检察院督促公安机关纠正超期限扣押案

【关键词】

超期限扣押物品　检察建议　依法行政

【案例简介】

2022年4月1日21时许，某县公安局联合县城市管理行政执法大队及县运政部门联合执法巡逻时在某县某镇南台路气象局门口发现，韩某、冶某驾驶的危险品运输货车，货箱内装载有40余瓶液化罐，经运政部门核实该批液化罐运输订单路线与其事实路线不符，故该车辆违规运输危险品被多部门查获，公安机关经运政部门核实了解到韩某、冶某所持有的危险物品押运证、运输证非国家交通运输管理部门制发，系伪造证件。经某县公安局治安大队调查认为，韩某、冶某擅自改变危险物品电子运单路线、伪造证件的行为违反了治安管理处罚法中危险物品管理规定，侵犯了公共安全，于5月26日分别作出给予韩某、冶某20日行政拘留，收缴危险物品押运证、涉案液化罐的行政处罚决定。

2022年8月，某县检察院在依法履行职责中发现，县公安局办理的上述案件证据保全决定书，决定对证据保全清单中的物品扣押30日（自2022年4月1日至2022年5月1日），至发现时延迟3个月23日未归还扣押物品，也未办理扣押物品延长手续。承办案件的检察官及时向公安局调取该案卷宗，查阅了案件全部卷宗，认为某县公安局制发的证据保全决定书属于有法律效力的文书，公安机关未在规定时间内返还扣押物品，其行为违反了《公安机关办理行政案件程序规定》关于扣押物品的期限规定，影响了国家法律统一正确实施。据此，某县检察院向该公安局下发了纠正扣押超期限问题的检察建议。某县公安局书面回复纠正情况，召开治安执法办案督察会议，切实加强规范民警办理行政案件程序和正确履职。

【意义】

检察建议书是检察机关履行法律监督职能，参与社会治理的重要手段。通过制发检察建议，促使行政机关执法规范化，取得双赢多赢共赢的工作效果，在每一个关乎群众切身利益的案件中体现检察力量，彰显检察担当。

# 27. 锁某某申请撤销结婚登记行政争议实质性化解案

【关键词】

冒名婚姻登记　公开听证　行政争议实质性化解

【案例简介】

自 2003 年 11 月开始，锁某某与马某甲以夫妻名义共同生活。2004 年 6 月 23 日，锁某某与马某甲向乡人民政府申请办理了结婚证。2017 年锁某某向某县法院起诉与马某甲离婚，法院以起诉状上被告马某甲的身份信息与其提供的结婚证上的马某甲信息不一致，不予立案，致锁某某无法解除婚姻关系。2018 年 4 月 16 日，锁某某以婚姻行政登记错误为由，将某乡人民政府与马某甲起诉至某县法院，法院以锁某某的诉求超过了起诉期限，裁定驳回起诉。2021 年 2 月 19 日，锁某某不服法院作出的行政裁定，向某县检察院申请监督，该院经审查认为锁某某的起诉确已超过起诉期限，法院裁定驳回起诉并无不当。

2022 年 3 月 26 日，锁某某再次向某县检察院申请监督，该院受理后进行了全面调查，并组织召开听证会。某县检察院查明，马某甲系冒用其姐姐马某乙的姓名、照片，冒用苏某某的身份证号，与锁某某登记结婚，结婚证照片、姓名、身份证号均与马某甲真实的姓名、身份证号不一致。遂根据最高人民法院、最高人民检察院、公安部、民政部《关于印发〈关于妥善处理以冒名顶替或者弄虚作假的方式办理婚姻登记问题的指导意见〉的通知》精神，向某县民政局提出检察建议，建议撤销结婚证。该局收到检察建议书后，将锁某某婚姻登记信息上报民政厅申请予以撤销，后民政厅在婚姻登记系统中将此条婚姻登记信息备注为无效。根据相关法律法规政策，锁某某现在可以办理婚姻登记。

【意义】

检察机关依法能动履职，通过公开听证、协调沟通、释法说理，使双方当事人平等交流对话，消除疑虑，解开心结，充分保障了当事人的合法权益，并在此基础上，查明事实，解决争议，弥补因超过起诉期限无法通过诉讼途径维权的不利影响,解决当事人因"冒名登记"而"离婚难"问题,体现了检察机关"以人民为中心""为民办实事"的司法理念,推动行政争议在法治轨道上有效、妥善解决。

# 28. 黄某诉新疆维吾尔自治区某市房产局房屋抵押登记监督案

【关键词】

行政违法行为监督　抵押登记　穿透式监督　溯源治理

【案例简介】

2013年2月，李某持黄某委托书及公证书等材料，与祖某一同申请将黄某的房屋过户到祖某名下，新疆维吾尔某市住房保障和房产管理局（以下简称某市房产局）遂办理转移登记。后祖某向邹某借款，并在某市房产局办理抵押权登记。2019年1月，黄某起诉至法院，请求撤销抵押权登记。某区法院审理查明，房屋过户时李某提供的公证书系伪造，某市房产局为祖某颁发的房屋所有权证已被撤销，遂判决撤销行政机关为祖某、邹某颁发房屋他项权证的行为。邹某不服，提起上诉，某市中级法院以邹某系善意取得抵押权，登记行为不应撤销为由，撤销一审判决，确认案涉颁发房屋他项权证的行为违法。某市房产局申请再审。2021年7月，某市中级法院判决维持一审判决。

邹某不服终审判决，向某市检察院申请监督。检察机关审查认为，邹某提供的转账凭证收款方均非祖某，金额与借款差距较大，不足以证明其支付了合理对价，且该房屋转移登记行为已被撤销，抵押权难以实现，终审判决并无明显不当，遂作出不支持监督申请决定。检察机关审查时发现，诉讼中代理律师无书面委托手续，人民法院未依法予以审查，遂制发审判活动监督检察建议，后被采纳。

为了更好地保护人民群众财产权利，避免类似行政争议再次发生，检察机关进行深入研究后认为，争议发生的主要原因是不动产登记部门没有深入核查相关材料，遂向当前承担该项职能的某市自然资源局了解情况。其间，发现该局长期怠于履行自然人间不动产登记职责，4年中仅办理1笔自然人不动产抵押登记业务，遂于2022年10月20日提出检察建议督促其纠正，并建议其从以往案件中吸取教训，通过与相关单位信息共享、深入核查材料真实性等措施，加强材料审核，提高行政公信力。之后，检察机关主动与法院联络，与自然资源局交流，就抵押登记审核尺度、处置方法等进行研讨，消除了行政机关的顾虑。某市自然资源局于 2022 年 11 月 6 日回函全部采纳检察建议，已在官网及新疆政务服务网对相关业务办理进行更新，目前所有登记业务相关内容均可在其网上进行查询。

【意义】

人民检察院办理行政生效裁判监督案件，应当全面审查，对人民法院正确的裁判坚决予以支持，对违法审判行为及时予以监督纠正，促进司法公正。坚持以人民为中心，能动履职，深入研究案件背后的原因和问题，发现行政机关违法行使职权或者不行使职权的，要督促并帮助其纠正，扎实推进依法行政，助力国家治理体系和治理能力现代化。

## 29. 阿某诉新疆维吾尔自治区喀什地区某县民政局撤销婚姻登记监督案

**【关键词】**

冒名婚姻登记　类案监督　专项治理

**【案例简介】**

2017年10月，阿某到喀什地区某县民政局申请婚姻登记时，被告知其已与两名男子分别办理了结婚登记。阿某申请撤销婚姻登记，民政局认为根据法律规定只有受胁迫登记的才予以撤销，阿某的婚姻登记不存在胁迫情形，故未予受理。2021年7月，阿某向某县法院提起离婚诉讼，法院以阿某的诉讼请求没有事实依据及超过起诉期限为由，裁定驳回起诉。同年10月，阿某向某县检察院申请监督。检察机关审查后认为，阿某的起诉确已超过起诉期限，法院裁定不予立案并无不当，但阿某要求撤销婚姻登记诉求合法合理，遂对该案开展行政争议实质性化解工作。

某县检察院通过调取《婚姻登记档案》及婚姻登记信息等材料，发现民政部门在2008年给阿某进行婚姻登记时是以手写登记为主，因未接入公安部门的身份核实系统，民政部门无法对阿某与被结婚登记的"两任丈夫"身份信息进行甄别，使得冒名登记结婚有空可钻。最终查明，阿某与被结婚登记的"两任丈夫"不存在真实婚姻关系，依法向县民政局发出撤销冒名顶替婚姻登记的检察建议书，民政局收到检察建议后予以采纳。

案件办理过程中，某县检察院发现，受当地早婚习俗及法治意识淡薄等因素的影响，当地群众采取冒用他人名义登记结婚并非个例。根据最高法、最高检、公安部、民政部《关于妥善处理以冒名顶替或者弄虚作假的方式办理婚姻登记问题的指导意见》（以下简称《指导意见》）精神，某县检察院在当地开展"冒名顶替婚姻登记"领域专项行政检察监督活动。针对当地类似情况较多的情况，某县检察院经调查核实后制发类案检察建议，督促民政局撤销了202名当事人被冒名结婚的错误登记，帮助202对404名群众走出"结婚难"的困境。

为促使冒名婚姻登记问题依法解决，某县检察院及时向当地党委汇报，争取党委支持。某县党委同意检察机关开展"被冒名顶替婚姻登记"领域专项治理，决定成立专项活动领导小组，要求相关单位参加。检察机关及时与公安、民政等部门召开联席会议，共同推动问题解决。

【意义】

针对他人以冒名、虚假身份而作出的婚姻登记行为，登记对象明显错误，登记内容客观上无法实现，且严重损害他人合法权益，被冒名当事人维权困难。为解决当事人维权困境，最高检发布指导性案例，又会同最高法、公安部、民政部出台《指导意见》，指导引领检察实践。某县检察院加强对指导性案例的学习借鉴，落实《指导意见》，通过类案监督检察建议，解决"结婚难"问题，维护当事人合法权益，促进依法治理。

# 30. 新疆生产建设兵团人民检察院某师分院督促某师住建局等依法履职案

**【关键词】**

行政检察　燃气初装费　检察建议　协同共治

**【案例简介】**

2022年4月，新疆生产建设兵团人民检察院某师分院（以下简称某师检察分院）在履职中发现，某师市辖区内的天然气安装费长期存在不合理收费现象，群众利益受到侵害。

某师检察分院经调查核实，查明：近年来某师市辖区内10家重点房地产开发公司均存在违规收取天然气入户工程费一事。根据某师2015年印发的《关于天然气入户工程费相关事宜的通知》规定，天然气入户工程费用应包含在房屋销售价格中，不得在房屋销售价格之外单独收取。据此，某师检察分院与某师市政协磋商，决定由双方共同推动《关于规范天然气入户工程收费管理的提案》的落实。某师检察机关与政协多次组织与某师市场监督管理局、某师城市管理综合执法局、某师住房和城乡建设局、某师发改委等相关单位召开联席会议，认真分析行政机关在监管上存在的漏洞和原因，就协调共治解决违规收费达成共识。随后，某师检察分院向某师市场监督管理局发出了社会治理类检察建议书，该局采纳检察机关意见。截至2022年9月11日，已向424户业主清退天然气入户费102万余元，清退工作正在持续进行中。

**【意义】**

检察机关履行行政检察监督职责，充分考虑行政权的运行规律，克服单纯办案、就案办案的思想，与行政机关加强沟通协调，达成共识，协同共治，有效整改辖区内天然气安装费收取不合理问题，促进了民生领域突出问题的源头治理、系统治理，保障人民群众的利益。

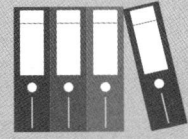

# 十大行政检察典型案例相关法律文书

## 案例1

# 北京市人民检察院
# 行政抗诉书

京检行监〔2020〕×××号

牛某某因与某公安分局不履行法定职责一案,不服二审法院终审判决,向某检察分院申请监督,该院经审查后提请本院抗诉。本院受理后现已审查终结。

牛某某起诉至一审法院,诉称:牛某某系××区××乡××村村民,在该村拥有合法的宅基地及住房,牛某某及家人共同居住于此处。2017年7月24日,××乡人民政府发出《致××腾退范围内全体村(居)民的一封信》,称××乡××村纳入了××区第一道××地区第二批试点,执行《××乡××地区集体土地腾退安置办法(实施)》《实施细则》及《补充规定》,牛某某宅院被列入腾退范围。现牛某某尚未签订任何腾退补偿安置协议。2018年12月28日上午,数十名不明身份人员强行砸坏防盗门,强行进入牛某某家中,将牛某某及家人强制拖出屋外,欲对牛某某所有房屋强行拆除,牛某某于上午9时左右多次通过拨打110电话报警,但某分局未及时派民警到场,致使牛某某的人身及财产安全没有得到有效保护。最终牛某某家人受轻伤,被不明身份人员带至医院治疗,牛某某所有的房屋被强行拆除,屋内物品毁坏、丢失不计其数,造成了巨大的经济损失。当晚,牛某某从医院至某分局××派出所再次报警,至今仍未有任何答复。牛某某认为,房屋及屋内物品属于牛某某个人所有的合法财产,牛某某作为遵纪守法的公民,某分局作为保护公民人身和财产权的行政机关,具有保护牛某某房屋及财产的职责。某分局的行为已经构成行政不履职,现诉请法院判决确认某分局对牛某某于2018年12月28日的报警未依法履行保护牛某某人身财产安全法定职责的行为违法。

一审法院作出判决。查明,牛某某与郭某某系夫妻关系,牛某某的户籍在××区××乡××村××号。2018年12月28日上午9时9分左右,

××派出所接到110报警,案情摘要为:"一男子报在××乡××村××号,有7人左右私闯民宅,不认识对方,未持械。"××派出所民警经核实后于同日9时27分左右反馈报警人,现场是村委会在××村帮拆,如有财物丢失或损坏可到村委会反映,有村干部接待。同日,××派出所对案外人郭某某报警称在家中被陌生男子打伤一事作为行政案件予以立案,并向郭某某出具了《受案回执》。××派出所于当日对郭某某进行询问并制作了《询问笔录》。2019年1月2日,北京××司法鉴定所出具《司法鉴定意见书》,鉴定意见为郭某某身体所受损伤属轻伤二级。2019年1月7日,××派出所对郭某某被故意伤害一案作为刑事案件予以立案侦查,并出具了《受案回执》。牛某某认为××派出所对房屋被强制拆除及郭某某受到人身损害的问题未履行法定职责,遂诉至法院。

一审法院认为,根据《中华人民共和国人民警察法》第二条第一款规定,人民警察的任务是维护国家安全,维护社会治安秩序,保护公民的人身安全、人身自由和合法财产,保护公共财产,预防、制止和惩治违法犯罪活动。第二十一条第一款规定,人民警察遇到公民人身、财产安全受到侵犯或者处于其他危难情形,应当立即救助;对公民提出解决纠纷的要求,应当给予帮助;对公民的报警案件,应当及时查处。根据上述法律规定,本案中,某分局作为涉案房屋所在地的公安机关,针对牛某某及相关人员的报警具有相应处理的法定职责。本案中,某分局××派出所在接到110报警和现场报案后,对于报案人反映的房屋被强制拆除及案外人人身受伤的情况进行调查和询问。关于房屋被强制拆除的报警事项,因涉及村委会帮拆行为,相应的查处请求事项并不属于公安机关的法定职责范畴,民警对此已向报警人予以告知。关于案外人郭某某受到人身伤害的报案,××派出所民警在进行调查询问后,将报案事项作为治安案件进行立案调查,并委托鉴定机构对伤情进行鉴定,根据伤情鉴定情况依法转为刑事案件受理,故某分局已履行了相应行政职责,而刑事案件侦查事项系公安依照刑事诉讼法的明确授权实施的行为,不属于行政诉讼的受案范围。综上,牛某某关于某分局未履行保护人身财产安全的法定职责的诉讼理由不能成立。综上,依据《中华人民共和国行政诉讼法》第六十九条之规定,判决驳回原告牛某某的诉讼请求。

牛某某不服一审判决,向二审法院提起上诉,其上诉事实和理由为:一、牛某某要求某分局履职之事项,属于某分局的法定职责,一审法院对此认定错误。二、一审法院对如何履行职责的认定是错误的，根据《110接处警工作规则》第十一条规定，牛某某拨打报警电话之时，其合法财产正在遭受非法侵害，而某分局在接到报警电话后无合理理由并未出警，并未前往现场，违反了上述规定，某分局对于牛某某房屋被强拆一事未予理睬，无任何事实及法律依据即将其归类为普通拆迁纠纷，没有全面调查处理，采取制止、惩戒措施，怠于履行其保护公民财产安全、惩治违法犯罪的法定职责。故上诉请求撤销一审判决，依法改判支持牛某某一审诉讼请求。

二审法院作出终审判决。该院对一审法院经审理查明的事实予以确认。二审认为，根据《中华人民共和国人民警察法》第二条第一款规定，人民警察的任务是维护国家安全，维护社会治安秩序，保护公民的人身安全、人身自由和合法财产，保护公共财产，预防、制止和惩治违法犯罪活动。第二十一条第一款规定，人民警察遇到公民人身、财产安全受到侵犯或者处于其他危难情形，应当立即救助；对公民提出解决纠纷的要求，应当给予帮助；对公民的报警案件，应当及时查处。根据上述法律规定，本案中，某分局作为涉案房屋所在地的公安机关，针对牛某某及相关人员的报警具有相应处理的法定职责。本案中，牛某某向一审法院起诉，请求法院判决确认某分局对牛某某于2018年12月28日的报警未经依法履行保护牛某某人身财产安全法定职责的行为违法。经该院当庭询问，牛某某认为某分局未履行法定职责主要包括其房屋被强制拆除及案外人郭某某人身受伤的情况。关于房屋被强制拆除的报警事项，某分局接牛某某报警后，经了解，认为牛某某的报案事项系××村委会在××村实施的帮拆行为，不属于公安机关管辖范围，并对此向报警人予以告知。关于案外人郭某某受到人身伤害的报案，某分局所属××派出所民警接警后经调查，在委托鉴定机构对其伤情鉴定后，根据伤情鉴定情况为轻伤二级的鉴定结果，依法将治安案件转为刑事案件受理，根据《最高人民法院关于适用〈中华人民共和国行政诉讼法〉的解释》（法释〔2018〕1号）第一条第二款第（一）项之规定，该行为不属于行政诉讼的受案范围。因此，一审法院认为，牛某某关于某分局未履行人身财产安全法定职责的诉讼理由不能成立，并对其诉请不予支持的认定并无不当。一审法院判决驳回牛某某的诉讼请求正确，该院予以维持。综上所述，依照《中华人民共和国行政诉讼法》第八十九条第一款第（一）项的规定，判决驳回上诉，维持一审判决。

牛某某不服二审判决，申请再审。被驳回再审申请。

牛某某向检察机关申请监督。

本院审查认定的事实与一、二审人民法院审理查明的事实一致。本院另查，2018 年 12 月 28 日，110 指挥中心接警人员接郭某某 110 报警电话时在询问郭某某基本情况后，告知郭某某"不要和对方起冲突"，"等民警到现场了解"。2019 年 4 月 10 日，某分局在一审庭审中陈述"原告是直接拨打给 110 指挥中心……报警的内容是有人私闯民宅，民警向市局进行了反馈，派出所向村委会进行了了解，属于反映的拆迁问题，地点当天是村委会实施的帮拆行为，因此没有去现场处警，但在电话中告知了原告相应的情况。""派出所在接到报警之后与村委会进行了联系，此外，在帮拆之前，村委会也以口头形式向派出所提前进行报告过。"

本院认为，针对郭某某的报警事项，某分局应当到现场进行处置。公安机关未到现场处置，属于未履行法定职责的行为。终审判决存在适用法律错误。具体理由如下：

第一，某分局具有处理涉案报警事项的职责。根据《中华人民共和国人民警察法》第二条第一款规定，人民警察的任务是维护国家安全，维护社会治安秩序，保护公民的人身安全、人身自由和合法财产，保护公共财产，预防、制止和惩治违法犯罪活动。第二十一条第一款规定，人民警察遇到公民人身、财产安全受到侵犯或者处于其他危难情形，应当立即救助；对公民提出解决纠纷的要求，应当给予帮助；对公民的报警案件，应当及时查处。《公安机关办理行政案件程序规定》第十条中规定：行政案件由违法行为地的公安机关管辖。由违法行为人居住地公安机关管辖更为适宜的，可以由违法行为人居住地公安机关管辖，但是涉及卖淫、嫖娼、赌博、毒品的案件除外。违法行为地包括违法行为发生地和违法结果发生地。根据上述规定，本案中，某分局作为涉案房屋所在地的公安机关，具有针对郭某某的报警进行相应处理的法定职责。

第二，某分局应当到现场进行处置。《110 接处警工作规则》第十一条规定：对危及公共安全、人身或者财产安全迫切需要处置的紧急报警、求助和对正在发生的民警严重违法违纪行为的投诉，处警民警接到 110 报警服务台处警指令后，应当迅速前往现场开展处置工作。对其他非紧急报警、求助和投诉，处警民警应当视情尽快处理。据此，对危及人身或财产安全迫切需要处置的紧急报警，处警民警接到指令后应当迅速前往现场开展处置工作。本案中，虽然110接处警记录记载"未持械"，派出所民警经了解现场系村委会帮拆，但这仍不足以表明现场不会发生危害人身、财产安全的违法行为，相反，郭某某报警称不认识的多人"私闯民宅""已经上了房顶"，其意图明显指向人身财产安全，需要公安机关出警帮助，应属于迫切需要处置的情形。而且，根据调取的郭某某报警电话录音显示，110指挥中心接警人员在电话中告知郭某某不要和对方发生冲突，等民警到现场了解，也说明对本案报警情形应当到现场进行处置。

第三，帮拆行为的理由不能免除某分局的法定职责。如前所述，预防、制止违法犯罪活动，在公民遇到人身、财产安全受到侵犯时给予救助是公安机关的法定职责。即便是本案存在帮拆行为，现场也可能发生危害人身财产安全的违法行为（事实上本案中也实际发生了致人轻伤的人身伤害行为），而对该违法行为，公安机关仍负有预防和制止的职责，村委会实施帮拆并不能免除这一职责，故某分局未能到现场预防和制止违法行为属于不履行法定职责。

综上所述，终审判决存在适用法律错误，根据《中华人民共和国行政诉讼法》第九十一条第（四）项及第九十三条第一款的规定，特提出抗诉，请依法再审。

此致

××××人民法院

××××年×月×日

### 案例2

# 河北省某市人民检察院
# 检察建议书

×检建〔2022〕10号

保定某市住房和城乡建设局：

  2022年3月，保定某区人民检察院根据行政检察跨区域协作机制，商请我院协助办理何某某、肖某、李某某等人申请行政执行监督案件。经查，上述人员均以保定某市A小区项目存在竣工验收备案程序违法和建筑质量问题为由，起诉你局不履行法定职责，案件先后经保定某区人民法院和保定市中级人民法院审理。2021年5月，保定市中级人民法院作出终审判决，认定你局作为保定某市建设行政主管部门，负有对辖区内建设工程质量进行监督管理的法定职责，判决责令你局对"某某房地产开发有限公司对A小区项目建设过程中出现严重建筑质量问题后未经修复即强制交房等违法行为"履行监管职责。判决生效后，因你局未履行上述判决内容，何某某、肖某、李某某等人向保定某区人民检察院申请行政执行监督。

  我院在协助办理此案件过程中，得到你局的充分理解和积极配合，经沟通你局及时履行判决内容，检察机关向申请监督人深入开展释法说理后，其撤回监督申请，此行政争议得到实质性化解，取得了良好社会效果。

  2022年8月，保定市人民检察院在全市部署开展行政生效裁判结果监督专项工作，我院经与保定某区人民检察院共同开展同级监督发现，2021年保定某区人民法院审理的一审生效行政诉讼案件中，你局为被告的5件案件，案由均涉及B住宅小区建设工程竣工验收备案行为，法院认定你局对"B住宅小区1#住宅楼"和"B住宅小区2#住宅楼"进行竣工验收备案，缺乏应当提交的必备文件，不符合《房屋建筑和市政基础设施工程竣工验收备案管理办法》第五条的规定，判决确认你局对"B住宅小区1#住宅楼"和"B住宅小区2#住宅楼"的建设工程竣工验收备案行为违法。

综上所述，上述行政诉讼案件反映出你局在履行建设工程质量监督管理和竣工验收备案职责方面存在漏洞，须进一步加强和改进工作，促进依法行政。为践行"双赢多赢共赢"的监督理念，助推法治政府建设，现根据《人民检察院检察建议工作规定》第十一条的规定，向你局提出如下建议：

1. 质量安全是工程建设的"底线"，与人民群众的生命、财产安全密切相关。建议你局强化工程质量监督管理职责，对群众反映的工程质量问题，及时查明事实，妥善处理，全面充分地履行法定职责，维护人民群众合法利益。

2. 工程竣工验收备案是确定工程安全性、可靠性的关键环节。建议你局加强对竣工验收工作的监督管理，严格按照法律规定的程序开展相关工作，避免越过前置程序直接竣工验收的情况再次发生。

请在收到本检察建议书后两个月内作出处理并将处理结果书面回复本院。

保定某市人民检察院
2022 年 10 月 9 日

## 案例3

# 吉林省某市人民检察院
# 检察建议书

×检建〔2022〕30号

某市医疗保障局：

　　本院在开展"全面深化行政检察监督，依法护航民生民利"专项活动中，发现你局存在对见义勇为人员医疗费用未依法报销问题。

　　本院经调查核实，现查明：2021年8月，犯罪嫌疑人程某某正在持刀行凶时，73岁高龄的丁某某路过，挺身而出、制止犯罪行为，被程某某割伤颈部，致重伤二级。丁某某多次住院仍未痊愈，医疗费用已超10万元。同年11月，经某市见义勇为评审委员会审议，认定丁某某的行为系见义勇为。犯罪嫌疑人程某某起诉前病故，丁某某未获赔偿。丁某某多次向你局下属单位医保中心申请报销医疗费用，医保中心都以"丁某某的伤情是第三人加害且无法向第三人追偿不符合医保报销条件"为由，不予报销。

　　本院认为，73岁的丁某某作为一名普通公民，在看到犯罪行为发生时不顾自己年迈体弱而挺身而出，见义勇为，及时救助了被害人，阻碍了一场悲剧的发生。他的行为维护了社会治安秩序，弘扬了社会正气，推动了社会主义精神文明建设，极大地鼓舞了广大人民群众参与社会治安综合治理工作的主动性、积极性，对转变社会风气作出了突出贡献。尽管为了施救他人，自己身受重伤，花费大额医药费，无处报销，他仍没有抱怨半句。为了不让英雄流血又流泪，让英雄受伤后有保障，需要解决见义勇为人员及其家庭实际困难，加强见义勇为人员权益保护，这样对于弘扬社会主义核心价值体系、倡导社会风尚，维护社会和谐稳定，具有十分重要的现实意义。根据国务院办公厅转发民政部等部门《〈关于加强见义勇为人员权益保护的意见〉的通知》二、（二）规定，"提高见义勇为负伤人员医疗保障水平。对见义勇为负伤人员，医疗机构要建立绿色通道，坚持

'先救治、后收费'的原则，采取积极措施进行救治。对急危重症的，要优先救治。因紧急救治发生的医疗费用，有加害人或责任人，由加害人或责任人承担；无加害人或责任人以及加害人或责任人逃逸或者无力承担的，按规定通过基本医疗保障制度解决。"你局作为市辖区的医疗保障机构，具有贯彻实施国家医疗保障政策的职责，应该根据此政策为见义勇为人员丁某某报销医疗费用，保障其合法权益。

综上所述，为了贯彻落实习近平总书记以人民为中心的发展思想，进一步落实见义勇为人员权益保护工作政策措施，切实保障见义勇为人员合法权益，根据《中华人民共和国人民检察院组织法》第二十一条和《人民检察院检察建议工作规定》第十一条之规定，向你局提出如下检察建议：

1. 全面贯彻落实国家对见义勇为人士的保障政策。对医保机构从业人员开展医疗保障、法律政策的培训，掌握国家对见义勇为人士医保报销政策，夯实医保中心业务基础和管理基础，保障见义勇为人员合法权益。

2. 健全完善医疗保障制度机制。针对国家出台的保障见义勇为人员的措施政策应该结合本地特点建立相应的制度规范，做到见义勇为权益保护工作政策措施统一、补偿标准明晰、保护措施操作性强。

3. 为见义勇为人员开设专门窗口。对于见义勇为这类弘扬社会正气的人，应该为其开设专门窗口办理医保报销业务，不仅体现对见义勇为人士的尊重和认可，更是对社会正能量的传播和弘扬。

如对本检察建议书有异议，请在十日内提出，如无异议请在收到后两个月内作出处理并将处理结果书面回复本院。

2022 年 2 月 22 日

> 案例4

# 上海市人民检察院某分院
# 检察建议书

沪检×分建〔2022〕1号

上海市某区规划和自然资源局：

　　本院在办理严某、严某某诉上海市某区规划和自然资源局、上海市规划和自然资源局要求撤销竣工规划验收合格证及行政复议决定一案过程中，发现本市某区某小区联排别墅地下停车库（以下简称小区地下停车库）部分停车位及道路设置均存在不合理之处，产生影响社会稳定的不利因素。主要是：

　　第一，停车区域设计不合理，影响业主出行。小区地下停车库内，部分业主地下室入户门前设置停车位，间距较小，妨碍居民通行，且受影响业主数量比例较大。经调查核实，该小区共有360户居民，其中，163户居民地下室入户门前均被设置成停车位，占总户数的比例超过45%，占比较高，影响范围较广。入户门前停车位的设置分为标准停车位与微型停车位两种，标准停车位的泊位线外缘距入户门间距为1.2—1.3米不等，虽然地下室入户门为内开门，不影响居民开关入户门，但在标准停车位停放车辆的情况下，车辆与入户门的距离仅0.45米左右，行人只能侧身通行。行人若想步行至机动车道，亦需在停放车辆与柱子之间侧身通行，未设置行人正常通行通道。部分消防栓因紧邻停车位，车辆停泊后，消防栓无法无障碍地完全打开，影响消防安全。该小区属人车分流小区，物件的搬运主要从地下室入户门进入室内。如遇需搬运物品或需使用老年人辅助行走设施、残障设施、担架、儿童椅等设施的特殊情况，则会面临无法通行的局面，给业主日常生活带来不便。一旦发生紧急险情，停放在入户门前车位的车辆也会影响室内人员的正常疏散，威胁居民生命安全。

　　第二，机动车行驶车道布局不科学，具有安全隐患。部分地下室入户门前为机动车双向行驶车道且未设置安全防护措施，存在极大安全隐患。

经统计，7户居民入户门紧邻机动车双向行驶车道，30户居民入户门与机动车行驶车道边界仅间隔0.4米的排水通道。该类情况在整个小区停车库设计中并不属于少数情况。根据一般社会经验，车辆驾驶员不一定完全了解停车库入户门设置情况，亦无法预知何户居民何时开门。虽然车辆在行驶过程中驾驶员有注意义务，但在没有行人通道的机动车行驶车道一侧设有多处地下室入户门的情况，则超出一般驾驶员正常预期范围。如若小孩、老人抑或残障人士从入户门前出现，发生人身伤害的可能性则会大大上升。

公共行人通道处既紧邻机动车行使车道，又未在地面设置醒目的标识，无法保障驾驶员能正常地辨认公共行人出入口。部分入户门与机动车行驶车道边界仅间隔0.4米的排水通道，虽然设有排水沟盖板，但该盖板系由不连续的长方形活动盖板组成，容易移位，出入行人如踏空极易造成人身意外伤害。地下车库的上述种种设置增加了人们日常生活的不安全感，提升了人们日常生活的注意义务，增加了小区安全风险隐患。

第三，因欠缺安全性及合理性，引发多起诉讼。小区业主曾因地下停车库部分停车位设计不合理、机动车道路缺乏安全性，影响业主的人身安全与出行利益，提起多起行政复议、民事诉讼或行政诉讼，诉求较为明显，矛盾比较突出。就地下停车库设置问题，5户居民曾提起要求撤销上海市某区规划和自然资源局作出的涉案小区《上海市建设工程竣工规划验收合格证》及上海市规划和自然资源局作出的《行政复议决定书》的行政诉讼；3户居民曾因不服上海市某区交通委员会于2017年12月19日作出的《上海市机动车停车场（库）竣工验收意见单》，要求予以撤销；5户居民曾因入户门与车位或车道之间的矛盾问题提起要求开发建设单位排除妨害，消除危险的民事诉讼。因地下停车库欠缺合理性与安全性，严重影响业主日常生活，为解决该问题，业主不仅提起与开发建设单位的民事诉讼，亦提起与行政机关的行政诉讼，试图通过多种渠道解决日常实际问题，可见解决停车场设置的安全性与合理性问题迫在眉睫。

综上，根据《人民检察院行政诉讼监督规则》第一百三十六条、《人民检察院检察建议工作规定》第三条、第十一条第（六）项，结合《汽车库、修车库、停车场设计防火规范（GB50067）》《建筑设计防火规范（GB50016）》《城市停车设施建设指南》《上海市停车场（库）管理办法》等相关规范性文件，向你局提出如下检察建议：

第一，以人民为中心，提升建筑设计合理性与安全性。行使建筑规划审批职能时，提升机动车停车库在停车区域及交通设计方面的合理性与安全性。虽然地下停车库规划审批部分由区交通委员会负责审核，但是规划审批行为由你单位以自己的名义作出，故你单位应当承担行政行为的主体责任。应当与区交通委员会共同要求建设单位在报批阶段提供详细停车库交通设计图、停车泊位划分图等材料。要严格按照《汽车库、修车库、停车场设计防火规范（GB50067）》《建筑设计防火规范（GB50016）》《城市停车设施建设指南》及《上海市停车场（库）管理办法》《建筑工程交通设计及停车库（场）设置标准》等技术标准规范予以审查。同时，对于规范性文件没有规定，但设计又未考虑人们日常通行及安全实际需求、可能产生合理性及安全性影响的设计方案，转变只考虑满足小区配建停车位指标、忽视停车泊位规划与交通设计合理性及安全性要求的理念。应当要求报批单位合理规划停车区域，停车泊位的设置不得影响业主正常通道，更要顾及消防、民防、市政以及其他设备合理使用区间等因素，保障人身安全，提升人民安全感、幸福感，避免因停车库设计问题引发社会矛盾。

第二，以批文为标准，严格依法验收建设项目。地下停车库验收过程中，应当严格依照经审批的建设方案予以验收。对与审批建设方案不符的，应当督促开发建设单位、交通设施施工单位及停车测绘单位等主体做好停车区域或交通设计不安全、不合理之处的整修改变工作。具备现场整改条件的，要求开发建设单位整改到位；对于无法整改的，应予以明确公示且要作为对外销售和出租的不利因素，充分、提前告知买受人和租赁人，保障买受人和租赁人的知情权。

第三，以服务为理念，适时开展停车库综合治理。以人为本是服务型政府的治理理念。本区因环境优美，建有较多别墅型小区，结合辖区内"停车泊位设计合理性问题"，可考虑适时开展综合治理工程，减轻已投入使用但设计不合理的停车泊位的负面影响。根据不同住宅小区实际情况提出差别化治理方案，如停车泊位存在相关设计不合理问题但存在整改可能的，则考虑对相关停车泊位进行整改；如为满足小区业主日益增长的停车需求，增加车位与安全性有一定冲突的，如本案入户门紧邻车道的情形，可采取安装行人出入感应灯等方法，积极做好相关停车泊位管理工作，减少安全隐患，减少社会矛盾，做好"民心工程"。

第四，以需求为导向，修改地方规范性文件。现行有关停车建设标准及规范方面往往比较宏观、宽泛，虽然这些规范性文件制定的目的是考虑到我国幅员辽阔，各地区实际情况不同，为了各地便于操作，故制定标准有一定弹性。但上海作为一个超大型城市，人们在停车安全、便捷出行方面有更多、更高的需求。应充分考虑上海的实际情况，结合现实中存在的问题，区分建筑不同功能、不同定位，如本案中联排别墅小区就要区别于多层住户小区的停车需求，制定便于操作、利于监管的地方规范性文件，以解决人们现实需求，满足人们对美好生活的向往。

如认为检察建议所述事实不成立或检察建议缺乏法律依据，可在收到检察建议后两个月内向本院提出异议。

请你局在收到检察建议后两个月内作出处理并将处理结果书面回复本院。

2022 年 1 月 12 日

案例5

# 关于企业恶意注销
# 逃避法律责任问题的调研报告

市委：

近年来，我市深入推进"放管服"改革，企业注销登记等日益高效便捷，营商环境进一步优化。然而，一些问题企业却意图通过注销登记实现"金蝉脱壳"，逃避履行相应法律责任，导致大量行政罚款、刑事罚金等无法执行到位，损害了国家和社会公共利益。今年以来，我市检察机关开展惩治恶意注销专项监督，通过大数据摸排线索141件，立案监督51件，推动1131.18万元罚款、161.3万元罚金顺利执行。为进一步推进溯源治理，现将"恶意注销"问题分析报告如下。

## 一、"恶意注销"问题的主要表现形式

（一）违法企业为逃避行政处罚恶意注销，行政机关申请执行受阻。一些涉案企业因危害环境资源、安全事故、违规经营等违法行为被行政处罚后，甚至在被立案调查阶段，隐瞒情况径行办理注销登记。至行政机关申请强制执行时，法院发现违法企业已经注销，故裁定驳回执行申请或终结执行，行政机关处理决定成一纸空文；即使行政机关再行申请变更被执行人，仍会面临执行周期被拖延、执行风险加大的问题。我市此类案件中，未执行到罚款超过1094万元。如崇川区检察院办理的江阴某公司生产安全违法行政非诉执行检察监督案中，该公司因发生安全事故，在被应急管理部门调查阶段即在异地恶意注销，致使330万元处罚决定被法院裁定不予执行。为此，检察机关建议行政审批部门撤销注销登记，监督法院重新立案执行，推动高额罚款得以执行到位，被最高检发布为"行政检察与民同行"典型案例。

（二）用人单位在劳动争议仲裁（诉讼）中恶意注销逃避赔偿，劳动者维权困难。劳动者申请仲裁环节，劳动仲裁部门发现用人单位已经注销

的，一般不予受理或终结审查，引导劳动者通过诉讼解决；而诉讼环节法院一般裁定驳回起诉，告知劳动者以原股东或投资人为被告另案起诉。劳动者面对用人单位"关门歇业"，企业股东或投资人"不知去向"，往往难以有效维权。如海安市检察院办理的某电商公司非诉执行监督案，该公司因拖欠工资被人社部门处罚后办理了注销手续，致使职工工资被拖欠四年之久。检察机关在依法监督的同时，开展争议化解工作，敦促原企业股东主动支付工资及赔偿款，维护了劳动者合法权益。

（三）犯罪单位恶意注销意图规避刑事处罚，司法机关起诉审判陷入被动。此种情形多发于虚开增值税专用发票、非法吸收公众存款、侵犯知识产权犯罪等涉企涉众经济犯罪。一方面，此类案件案情复杂、涉案人数多、证据量大，侦查及司法审查周期往往较长，办案机关难以实时掌握企业存续状态。另一方面，违法企业可能面临大额违法所得追缴及罚金，借注销登记规避责任的动机更迫切。如河北某公司涉嫌假冒注册商标罪，法院审理阶段即在河北某市办理了简易注销，法院审判陷入被动，通州湾检察院向当地行政审批局发出检察建议，撤销注销登记，确保单位犯罪得到依法惩治，得到最高检肯定。

## 二、"恶意注销"问题产生的原因分析

（一）审查不充分导致难以及时准确甄别恶意注销。现行简易注销登记可以直接网上申请，仅需提交无债权债务的书面承诺书。登记机关对申请材料以形式审查为主，对材料内容的真实性无须查证。部分执法司法机关重视程度不高，未适时核查确认该企业存续状态，导致相关文书对象认定错误。经梳理发现，因未查明企业注销导致文书错误的案件87件，占此类案件总数的61%。对此，我市检察机关向法院发出再审检察建议、检察建议7件；向应急管理、自然资源等行政机关发出检察建议18件，建议其加强主体资格审查、规范催告送达程序等。

（二）信息不畅通带来行政审批与执法司法衔接盲区。尽管现行注销登记规定设置了简易注销适用范围、注销公告异议等预防机制，但由于执法、司法机关与登记机关之间未建立起全国、全省，甚至全市联网的大数据平台，登记机关对申请企业有无涉案信息，尤其是在司法程序中、未向社会公开的相关信息无从核查。其他机关及个人通过国家企业信用信息公示系统查询到的企业登记状态是"存续"和"注销"的结果性信息，难

以及时对恶意注销行为提出异议和阻却。今年以来，我市检察机关已建议撤销了5家企业的恶意注销登记，同时对其进行失信惩戒。

（三）责任不明确致使事后追责救济不畅。现行法律法规并未明令禁止涉案企业申请注销登记，但对构成恶意注销的，登记机关可以撤销注销登记和惩戒。法院在行政非诉执行案件中发现被执行对象注销的，应当通知申请机关变更被执行人。但实践中因恶意注销证明难度大、周期长等原因，执法机关往往直接终结案件、撤回执行申请；而法院往往裁定驳回执行申请、不准予强制执行，或直接终结执行，给了恶意注销企业可乘之机。我市检察机关在专项监督活动中，建议行政机关追加、变更公司股东和实际控制人为被执行人11件，监督法院纠正驳回、终结执行裁定违法9件，恢复、重新立案执行15件，实质性化解行政争议4件，推动相应案件得以顺利执行。

### 三、规制"恶意注销"问题的意见建议

（一）搭建机制平台，实现信息融通。建立双向函告制度。执法司法机关办理可能存在恶意注销风险的涉企案件，可函告登记机关暂缓涉案企业注销登记。登记机关发现申请企业信用信息异常、可能存在涉案风险的，及时通报至相关部门、个人。搭建信息融通平台。依托省、市政务信息共享平台，将立案调查、行政处罚、仲裁诉讼、执行、刑事侦查等信息与企业变更、注销登记等信息融通共享，实现企业注销登记数据互通和业务协同，打破信息壁垒、区域壁垒。

（二）加强全流程审查，构筑全方位防范网。加强事前审查。受理注销登记申请时书面提示恶意注销法律风险，对存在行政处罚、民事纠纷等未结事项的适度严格审查，明确企业相关责任人，防止事后难以追责。加强事中核查。案件调查期间，必要时书面告知涉案企业不能擅自注销登记。作出处理决定前，查询确认企业存续状况，发现企业状态异常的，及时向行政审批部门说明情况或提出书面异议。加强事后调查。对涉嫌恶意注销的，通过调取企业注销登记时提供的清算报告、承诺书等证据材料，查明是否存在提供不实材料等欺骗行为，依法作出撤销登记等处理。

（三）强化主体责任，凝聚惩治合力。加强行政机关、司法机关之间的协作配合，通过撤销登记、行政处罚、信用惩戒、司法强制措施、检察监督等手段，堵塞恶意注销漏洞。针对办案中暴露出的监管漏洞，市检察

院、崇川区检察院会同崇川区司法局召集 9 家有行政处罚权和审批权的机关召开联席会议，提出了四项行政执法建议，并以会议纪要形式下发至全区各行政机关，提升区域治理水平。通州湾检察院建立企业涉案情况函告机制，将企业进入审查起诉环节情况函告行政审批部门，提示及时关注企业重大事项变更情况。

（四）推动社会共治，实现溯源治理。推动完善相关法律法规。明确企业恶意注销后的责任承担主体及对权利人的救济途径，细化恶意注销行为的防范、甄别、惩戒措施。推进企业信用体系建设。根据 2022 年 8 月 13 日下发的《江苏省推进社会信用体系建设高质量发展服务促进新发展格局的实施意见》，建议将恶意注销行为纳入企业信用状况评估体系，在安全生产、生态环保等重点领域实行信用分级分类监管，加强市场信用约束。营造良好社会氛围。联合行政、司法等机关部门及行业协会、商会开展涉企普法宣传，充分发挥新闻媒体宣传和社会舆论监督作用，引导各类市场主体合法经营，营造诚实守信的社会氛围。

特此报告。

江苏省南通市人民检察院<br>2022 年 11 月 4 日

> 案例8-1

# 山东省某市人民检察院
# 行政再审检察建议书

×检行再建〔2012〕1号

某市中级人民法院：

苏某诉某市房产管理局、赵某房屋行政登记纠纷一案，不服某市中级人民法院（2008）×行终字第221号行政裁定，向本院申请监督。本案现已审查终结。

2008年9月23日，苏某以某市住房保障和房产管理局（以下简称某房管局）为被告，赵某为第三人，诉至某市S区人民法院，要求依法撤销某房管局为赵某颁发的《房屋所有权证》。

现查明：苏某外祖母刘某生前一直租住褚某位于H区善德里××号的房屋。1992年该区域拆迁，按照当时的政策，刘某支付了5934元补偿金后，某市H区拆迁办公室（以下简称H拆迁办）与刘某达成拆迁协议，将刘某安置涉案×号房屋。苏某是刘某唯一的继承人并且长期居住在一起，刘某1994年5月9日去世后，某市H区房地产管理局（以下简称H房管局）按照法律规定为苏某办理了《公房租赁证》。2008年苏某接到赵某起诉腾房的起诉书，才知道赵某冒充其与褚某是母子关系，办理了善德里××号房的产权调换手续，某房管局于1999年11月22日给赵某办理了《房屋所有权证》。

另查明：1. 根据苏某提交的证据：1992年4月23日，H拆迁办与被拆迁人刘某（苏某外祖母）签订《拆迁安置协议》，约定拆除刘某租住的H区善德里××号合法房屋东屋3间，居住面积19.78平方米，并将刘某安置在涉案×号房屋，使用面积33.79平方米，该协议由H拆迁办加盖公章、苏某签名。1994年1月10日和11日，刘某与苏某先后交纳超安费915元、私房主补偿费5934元，H拆迁办分别为其开具了收款收据。5月9日，刘某去世。1996年3月18日，H房管局为苏某颁发涉案公房租赁证。苏某一家三口租住至今。

2. 经向某房管局调取房屋档案资料，某市房屋档案 1950 年总登记第 172 号《某市人民政府房地产管理处市区房地产总登记表》显示：登记人褚某，男，籍贯山东省 W 县，于 1947 年通过购买取得 H 区善德里××号 9 间房屋的产权，时年 35 岁；代理人赵某某（系赵某之父，现已去世），男，时年 26 岁。1980 年 12 月 19 日的《××期间统管私房产权住用情况调查表》显示：赵某某与褚某系朋友关系。1987 年的《私有房屋登记换证申请表》显示：H 区善德里××号曾用门牌号经三路西小纬十路宏清里×号、善德里×××号，业主褚某，男，工作单位新疆军区某办事处汽车运输营，现住新疆昌吉某师，时年 75 岁，申请人为代管人赵某某。

3. 根据 1998 年 7 月 2 日，某市人民政府×政发〔1998〕21 号文件的规定，房屋产权调换的范围是：拆迁的私房自住户（含原私有房产的共有人或其继承人），现仍住在拆迁安置房内的。1999 年 8 月 23 日，赵某填写的《原私房产权人已去世的申请调换产权的申请书》显示：褚某系赵某的母亲，1993 年 3 月 15 日去世，继承人为赵某。8 月 17 日，H 拆迁办出具的《拆迁私房认证结果证明》显示：H 区善德里××号原产权人褚某，原共有人赵某，安置房使用人赵某，迁入时间 1994 年 2 月，已交超安费 915 元。

4. 2012 年 2 月 3 日，苏某认为 H 拆迁办为赵某出具的《拆迁私房认证结果证明》系伪造，遂向 H 拆迁办提交信访诉求书。2012 年 3 月 15 日，H 拆迁办出具《关于苏某信访事项告知书》主要内容为：1992 年 4 月 23 日，H 拆迁办与刘某签订的《拆迁安置协议》属实，苏某当时作为私房租房刘某的外孙随同拆迁，并代签安置协议。关于苏某反映的赵某借 1998 年拆迁私房自住户产权调换之际，伪造资料，骗取拆迁办出具《拆迁私房认证结果证明》的问题，因该拆迁安置问题已经十几年，加之工作人员变更较大及 1998 年私房自住户认证结果的档案资料不全等原因，不便掌握当时的拆迁处理情况及如何做出房屋认证部分的情况，不易对此问题做出准确的判断与妥善处理。请苏某依法向人民法院提起诉讼，并将原私房主褚某的代管人等一并诉讼。

2008 年 11 月 11 日，某市 S 区人民法院作出（2008）×行初字第 106 号行政裁定，认为：苏某提交的某市城镇私房所有权证存根、某房管局提交的《拆迁私房认证结果证明》《拆迁私房调换产权房屋使用情况核对表》

能够证明：涉案《房屋所有权证》所涉房屋是原本 H 区善德里××号房屋（1992 年 4 月被拆迁）的拆迁安置房，原本 H 区善德里××号房屋的原产权人是褚某。某市人民政府×政发〔1998〕21 号文件规定，对 1982 年 8 月 4 日至 1997 年底实施拆迁的私房自住房进行产权调换。房屋产权调换的范围是：拆迁的私房自住房（含原有私房的共有人或其继承人）。苏某虽于 1996 年取得了本案被安置房的《房屋租赁证》，但苏某不是拆迁的私房自住房、原有私房的共有人或其继承人，在原拆迁的私房自住户、原有私房的共有人或其继承人没有放弃对本案安置房屋产权调换的情况下，苏某不具备购买本案争议房屋的条件。苏某主张某房管局被诉的具体行政行为侵犯了其公房租赁权和享受房改的权利，缺乏法律依据。《最高人民法院关于执行〈中华人民共和国行政诉讼法〉若干问题的解释》第十二条（以下简称《行诉法解释》）规定："与具体行政行为有法律上利害关系的公民、法人或者其他组织对该行为不服的，可以依法提起行政诉讼。"本案苏某与被诉具体行政行为不具有法律上的利害关系，依法不具有提起本案行政诉讼的原告主体资格。裁定：驳回苏某的起诉。

苏某不服一审裁定，提出上诉。

2009 年 12 月 9 日，某市中级人民法院作出（2002）×行终字第 221 号行政裁定，认为：苏某提交的某市城镇私房所有权证存根、某房管局提交的《拆迁私房认证结果证明》《拆迁私房调换产权房屋使用情况核对表》，能够证明本案涉诉房屋系 H 区善德里××号房屋的拆迁安置房，而原房屋的产权所有人系褚某。根据某市人民政府×政发〔1998〕21 号文件规定，对 1982 年 8 月 4 日至 1997 年底实施拆迁的私房自住户进行产权调换，产权调换的范围是：拆迁的私房自住户（含原私有房产的共有人或其继承人）。苏某虽然于 1996 年取得了本案涉诉房屋的《房屋租赁证》，但其不是拆迁的私房自住户、原私有房产的共有人或其继承人，在原拆迁的私房自住户、原私有房产的共有人或其继承人没有放弃对本案涉诉房屋产权调换的情况下，苏某不符合上述产权调换的规定，不具备购买本案涉诉房屋的条件。某房管局于 1999 年 11 月依据赵某提交的《拆迁房屋补偿协议》《拆迁自住私房认证结果证明》等相关资料为其办理了涉案房屋的权属登记，颁发了涉案《房屋所有权证》，该发证行为符合×政发〔1998〕21 号文件规定。虽然苏某提出赵某提供虚假材料骗取产权调换的主张，但其并未提交相关证据来否定某房管局的颁证依据，对其主张本院不予支持。为此，苏某主张某房管局为赵某颁发的涉案《房屋所有权证》的具体行政行为侵犯了其公房租赁权和享受房改的权利，缺乏事实和法律依据。综上，一审法院依据《行诉法解释》第十二条规定，认定苏某与被诉具体行政行为不具有法律上的利害关系，依法不具有提起本案行政诉讼的原告主体资格，并无不当。裁定：驳回上诉，维持原裁定。

本院认为，某市中级人民法院认定苏某与被诉具体行政行为不具有法律上的利害关系，依法不具有提起本案行政诉讼的原告主体资格，系违反法律规定。

（一）苏某与被诉具体行政行为具有法律上利害关系。

《行诉法解释》第十二条赋予了与具体行政行为具有法律上利害关系的公民、法人或者其他组织提起行政诉讼的权利。成立法律上利害关系必须具备两个要素：一是合法权益的存在。这里的合法仅是起诉人的一种主观认识，是起诉人通过诉讼期望获得法律保护的利益。起诉人应当向法院表明受到侵犯合法权益是什么，至于其是否客观存在关乎起诉人的胜诉权，并不影响起诉权的成立；二是合法权益可能受到被诉具体行政行为的影响。起诉人根据自己的认识，认为被诉具体行政行为侵犯的合法权益，与其合法权益受影响之间存在因果关系，即可提起诉讼，而合法权益是否确实受到被诉行为侵犯，并非审查原告资格时需要考虑的问题。本案中，苏某及其家人原本租住褚某位于H区善德里××号的私房3间。后经拆迁，在向H拆迁办缴纳超安费和私房主补偿费后，苏某一家被安置在涉案房屋内租住至今，并获得H房管局颁发的公房租赁证。苏某有理由认为，某房管局为赵某颁发涉案房屋权属证书这一具体行政行为，侵犯其公房租赁权和享受房改的合法权益，其提起本案行政诉讼，满足成立法律上利害关系必须具备的两个要素。因此，应当认定苏某与所诉具体行政行为具有法律上利害关系，具有提起本案行政诉讼的原告主体资格。而裁定以苏某主张某房管局为赵某颁发房屋权属证书的具体行政行为侵犯其公房租赁权和享受房改的权利，缺乏事实和法律依据为由，认定苏某与被诉具体行政行为不具有法律上的利害关系，依法不具有提起本案行政诉讼的原告主体资格，系适用法律确有错误，违反法律规定。

（二）被诉具体行政行为主要证据不足，依法应予撤销。

某房管局于1999年11月为赵某颁发涉案房屋权属证书，是根据某市人民政府×政发〔1998〕21号文件对拆迁私房自住户进行产权调换的要求,审核赵某提交、H拆迁办出具的《拆迁自住私房认证结果证明》等相关资料后作出的具体行政行为。但作为被诉具体行政行为主要依据的《拆迁自住私房认证结果证明》,其认证结果明显缺乏证据支持。首先,根据某房管局保存的房屋档案,H区善德里××号9间房屋的原产权人褚某,系男性,比赵某的父亲赵某某年长9岁,两人系朋友关系,因褚某长期在新疆从军,其上述房产一直由赵某某代管。可见,褚某与赵某并非母子关系。赵某填写《原私房产权人已去世的申请调换产权的申请书》,称褚某系其母亲,其为褚某的继承人,与事实不符。《拆迁私房认证结果证明》认定赵某系H区善德里××号房产的原共有人,亦与事实不符。其次,根据H拆迁办与苏某外祖母刘某于1992年4月23日签订的《拆迁安置协议》、H拆迁办于1994年1月开具的收款收据、H房管局于1996年3月18日为苏某颁发的涉案房屋公房租赁证以及H拆迁办于2012年3月15日出具的《关于苏某信访事项告知书》,H区善德里××号东屋3间于1992年拆迁后,刘某和苏某即被安置在涉案房屋租住,刘某、苏某交纳超安费915元、私房主补偿费5934元,且苏某一直居住至今。因此,不存在赵某曾在涉案房屋居住的可能性。《拆迁自住私房认证结果证明》认定涉案房屋使用人为赵某,迁入时间1994年2月,并且已交超安费915元,系认定错误。最后,根据H拆迁办出具的《关于苏某信访事项告知书》,H拆迁办认为关于《拆迁私房认证结果证明》的问题,因该拆迁安置问题已经十几年,加之工作人员变更较大及1998年私房自住户认证结果的档案资料不全等原因,不便掌握当时的拆迁处理情况及如何做出房屋认证部分的情况,不易对此问题作出准确的判断与妥善处理。可见,H拆迁办出具的《拆迁私房认证结果证明》缺少档案资料支持。综上,H拆迁办作出的《拆迁私房认证结果证明》缺乏证据支持,且与案件事实明显不符。

因根据×政发〔1998〕21号文件明确规定,产权调换的范围是拆迁的私房自住户(含原私有房产的共有人或其继承人),现仍住在拆迁安置房内的。而赵某既非拆迁的私房自住户,又非原私有房产的共有人或其继承人,更未曾在拆迁安置房内居住过。因此,某房管局依据上述文件规定,并根据《拆迁私房认证结果证明》等资料为赵某颁发涉案《房屋所有权证》的具体行政行为,主要证据不足,依法应予撤销。

综上所述,某市中级人民法院作出的裁定违反法律规定。依照《中华人民共和国民事诉讼法》第十四条及《人民检察院民事行政抗诉案件办案规则》第四十七条第（一）项的规定，特提出再审检察建议，请在收到后三个月内将审查结果书面回复本院。

  此致

某市中级人民法院

2012 年 7 月 9 日

### 案例8-2

# 山东省某市 H 区人民检察院
# 检察建议书

×××检建〔2022〕2号

某市 H 区住房和城乡建设局：

本院在办理行政诉讼监督案件过程中发现，某市 H 区住房和城乡建设局不依法及时履行职责，致使公房承租人苏某合法权益受到损害，本院依法进行了调查。

现查明：刘某生前一直租住褚某位于善德里××号的房屋。1992年该房屋所在区域拆迁，H 区拆迁办在刘某支付私房主补偿费、超安费后将其安置在涉案×号房屋（H 区房产管理局直管公房）。同时，H 区拆迁办对被拆迁私房产权人褚某进行了货币补偿，补偿金由褚某房屋代管人赵某某代领。苏某（刘某外孙）是刘某唯一继承人并长期共同居住，在刘某去世后，H 区房产管理局于 1996 年 3 月 18 日为苏某办理了涉案×号房屋《公房租赁证》。1998 年赵某（赵某某之子）违法对涉案×号房屋进行私房拆迁自住户安置房产权调换，并获取了某市房产管理局为其颁发的《房屋所有权证》。赵某为进行产权调换，一是伪造了其与褚某系母子关系的证明材料，以证明其为原私房产权人的继承人。而根据房产管理部门原始档案记载，褚某为男性，与赵某之父赵某某系朋友关系；二是 H 区拆迁办、H 区房产管理局为赵某出具了明显与事实不符的房屋使用情况证明材料，以证明赵某系拆迁安置房即涉案×号房屋的使用人。

2008 年 8 月 18 日，赵某提起民事诉讼要求涉案房屋的承租人苏某腾房，苏某始得知其租住的公有房屋已被赵某违法获取，遂于 2008 年 9 月 23 日以某市房产管理局为被告、赵某为第三人提起行政诉讼，要求依法撤销某市房产管理局为赵某颁发的涉案《房屋所有权证》。2008 年 11 月 11 日，某市 S 区人民法院作出（2008）×行初字第 106 号行政裁定书，认为苏某与被诉具体行政行为不具有法律上的利害关系，依法不具有提起本案行政诉讼的原告主体资格。裁定：驳回苏某的起诉。苏某不服一审裁定，提出上诉。2009年2月9日，某市中级人民法院作出（2008）×行终字第221号行政裁定书，裁定：驳回上诉，维持原裁定。苏某不服某市中级人民法院二审裁定，向检察机关申请监督。2012年7月9日，某市人民检察院向某市中级人民法院发出×检行再建〔2012〕1号再审检察建议，认为终审裁定认定苏某与被诉具体行政行为不具有法律上的利害关系，依法不具有提起本案行政诉讼的原告主体资格，裁定驳回起诉确有错误，建议其对本案进行再审。

2017年1月12日，赵某与第三人李某签订房屋买卖合同，将涉案×号房屋转移登记至李某名下。李某为购买涉案房屋向光大银行某支行贷款，并办理了涉案房屋的抵押登记手续。

2018年6月8日，某市中级人民法院作出（2018）×行再2号行政裁定书，认为原一、二审裁定以苏某与被诉具体行政行为不具有法律上的利害关系驳回起诉不当。裁定：一、撤销该院（2008）×行终字第221号行政裁定及某市S区人民法院（2008）×行初字第106号行政裁定；二、本案指令某市S区人民法院继续审理。因赵某在本案诉讼过程中已将涉案房屋转让给案外人李某并变更原房屋所有权证，被诉行政行为已无可撤销内容。2019年3月14日，某市S区人民法院作出（2018）×行初269号行政判决书，判决：确认某市国土资源局为赵某颁发涉案×号房屋所有权证的行政行为违法。赵某不服一审判决，向某市中级人民法院提起上诉。2019年8月15日，某市中级人民法院作出（2019）×行终573号行政判决书，判决：驳回上诉，维持原判。

2020年2月21日，苏某以李某、赵某为被告，向某市H区人民法院提起民事诉讼，要求确认赵某与李某就涉案×号房屋签订的房屋买卖合同无效。2020年8月25日，某市H区人民法院作出（2020）×民初1287号民事判决书，认定李某购买涉案×号房屋不属善意，判决：赵某与李某就涉案×号房屋签订的房屋买卖合同无效。赵某不服一审判决，向某市中级人民法院提起上诉。2020年12月24日，某市中级人民法院作出（2020）×民终12234号民事判决书，认为结合李某与赵某之间的特殊关系（两人各自经营的公司早在2015年就存在关联，且两人频繁出入同一小区同一房屋，持有同一房屋钥匙）、钱款及房屋交付情况进行分析，两人订立涉案房屋买卖合同的目的欠缺合理性，实为恶意串通，目的在于侵占苏某实际居住使用的涉案房产。判决：驳回上诉，维持原判。

2021年1月15日，苏某以某市自然资源和规划局（原某市国土资源局，以下简称市自然资源局）为被告，李某、赵某为第三人，向某市H区人民法院提起行政诉讼，要求确认市自然资源局为李某颁发涉案×号房屋不动产权证书的行政行为违法，并撤销该具体行政行为。2021年9月10日，某市H区人民法院作出（2021）×行初73号行政判决书，认为被诉行政行为主要证据不足，对此赵某和李某应对本案负全部法律责任；被诉行政行为本应予以撤销，但因光大银行某支行就案涉房屋所取得的抵押权属于善意取得，应受法律保护，能够构成对房屋登记机构撤销抵押登记的法定阻却事由。判决：确认市自然资源局为赵某和李某办理案涉×号房屋转移登记及向李某核发不动产权证书的行政行为违法。苏某、赵某、李某均不服一审判决，向某市中级人民法院提起上诉。2022年2月8日，某市中级人民法院作出（2021）×行终1339号行政判决书，认为苏某于1996年办理了直管公房租赁证，长期实际占有、使用案涉房屋，并且与证载产权人赵某围绕该房屋存在纠纷，光大银行某支行在贷款调查中未作实地调查，对上述事实未尽到专业金融机构审慎、合理的调查义务，存在重大过失，并非善意第三人，不能阻却人民法院撤销房屋登记。原审法院以光大银行某支行善意取得案涉房屋抵押权构成人民法院撤销房屋登记的阻却事由，属于认定事实不清，适用法律不当。判决：一、撤销某市H区人民法院一审判决；二、撤销市自然资源局为赵某和李某办理案涉×号房屋转移登记及向李某核发不动产权证书的行政行为；三、驳回赵某、李某的上诉请求。

另查明，在某市H区人民法院（2020）×民初1287号苏某与赵某、李某确认合同无效纠纷一案的诉讼过程中，苏某诉称，其曾多次要求对涉案房屋进行房改，但均被告知需要再等待，直到2008年赵某向法院提起民事诉讼要求苏某腾房，才知道赵某已经取得了涉案房屋的房产证。

在赵某对涉案房屋办理产权调换过程中，原H房产管理局第二管修所房管科出具《拆迁私房调换产权房屋使用情况核对表》，认定赵某为涉案房屋承租人。

本院认为，根据《某市出售公有住房办法》第十一条规定，购买在租公有住房，必须是现住房的承租人。根据《某市出售公有住房实施细则》第四条规定，具有本市市区城镇常住户口的居民，均可向房屋产权单位申请购买现承租的住房。凡符合出售条件的公有住房，在居民提出购房申请后，产权单位均应按房改规定出售。据此，公有住房承租人有权根据房改规定购买其承租的住房。《某市城市公有房屋管理办法》第五条规定："某市房产管理局是本市公有房屋管理的行政主管部门，负责本市公有房屋的统一管理工作。区房产管理部门负责本辖区内公有房屋的具体管理工作。"目前，原H区房产管理局的公有房屋管理职能已归入某市H区住房和城乡建设局（以下简称区住建局）。本案中，苏某于1996年办理了涉案×号房屋的直管公房租赁证并在此租住至今，而赵某伪造相关材料利用产权调换政策违法取得涉案房屋所有权。在赵某对涉案房屋进行产权调换的过程中，相关部门为赵某出具明显与事实不符的证明材料、对赵某提供的产权调换材料审查不严。后赵某又与第三人李某恶意串通，通过签订房屋买卖合同转移涉案房屋所有权，使涉案房屋在长达十余年时间里一直处于诉争中，不仅给公有房屋承租人苏某造成严重诉累，也导致其无法享受对涉案房屋的房改政策。作为涉案公有房屋的具体管理部门，区住建局在涉案公有房屋被违法处分过程中未依法履行管理职责，致使苏某合法权益受到损害。

现根据《人民检察院检察建议工作规定》第十一条第四项的规定，向你单位提出如下建议：1.依法及时履行公有房屋管理职责，根据相关政策规定，结合涉案公有房屋实际情况，对承租人苏某的房改要求进行审查，推动问题合法合理、公平公正解决。2.健全完善公有房屋管理工作制度，增强工作人员责任意识，完善内部监督机制，确保违法处置公有房屋、损害公有房屋承租人合法权益等问题不再发生。

你单位可在收到检察建议书后十五日内向本院提出异议。如无异议，请于两个月内作出处理，并书面回复本院。

2022年2月25日

案例8-3

# 山东省某市人民检察院
# 检察建议书

鲁×检建〔2022〕20号

中国光大银行股份有限公司某分行：

　　本院在履行行政检察职责中发现，中国光大银行股份有限公司某支行（以下简称光大某支行）在某市H区×号房屋上设定的抵押权登记，存在需要依法申请撤销的情形。

　　本院经审理查明，2017年2月6日，光大某支行、李某向登记主管部门申请办理了涉案×号房屋的抵押权登记。根据某市中级人民法院（2021）×行终1339号行政判决书，苏某于1996年办理了上述房屋（直管公房）的租赁凭证，长期实际占有、使用该房屋，并且其与原证载产权人赵某围绕该房屋存在纠纷。判决书中同时载明，"光大某支行在贷款调查中未作实地调查，对上述事实未尽到专业金融机构审慎、合理的调查义务"。该判决已撤销某市自然资源和规划局为赵某和李某办理涉案房屋转移登记及向李某核发不动产权证书和补发不动产权证书的行政行为。判决生效后，登记主管部门公告撤销了李某名下的上述产权证书，该房屋的实际产权人现为某市H区住房和城乡建设局（以下简称H区住建局），因上述抵押权登记尚未解除，H区住建局无法对该房屋依法处分，苏某作为该房屋的合法承租人，因该抵押登记，无法依据相关政策进行产权调换。

　　我院认为，在上述判决生效后，光大某支行意识到该贷款存在风险，及时追加抵押物，保证了该行发放贷款的安全。在此前提下，因房屋的实际产权人为H区住建局，属于国有资产，在该房屋上为个人设定担保物权，没有法律依据和实际意义，同时也妨碍了相应行政机关为苏某进行产权调换的正常履职，进而影响了苏某合法权益的实现。光大某支行在办理个人房屋抵押贷款业务中未依据相关规定进行实地调查，给银行的资金安全带来隐患。此外，因该事项涉诉，不仅增加了你行的经营成本，同时增加了被司法机关作出否定性评价的风险，可能影响你行的良好声誉。现根据《人民检察院检察建议工作规定》第十一条第六项的规定，向你单位提出如下建议：

一是督促光大某支行及时向登记管理机关申请撤销涉案房屋的抵押登记。二是加强业务培训和日常监管，提高依法依规办理业务的能力。三是高度重视对生效裁判指出问题的研判，有则改之、无则加勉，及时堵塞管理漏洞，有效防范风险隐患。

请在收到检察建议后两个月内作出处理，并将处理结果书面回复本院。

2022 年 11 月 2 日

案例10

# 广东省某市甲区人民检察院
# 检察建议书

××检行非诉监〔2020〕46号

何某认为某市甲区人民法院审查某市交通运输委员会（现更名为某市交通运输局）申请强制执行某交罚决第LH00075××号《某市交通运输委员会行政处罚决定书》一案存在违法情形，于2020年9月2日向本院申请监督。本案现已审查终结。

现查明：某市交通运输委员会经调查认为何某于2015年12月7日20时32分在××区××路使用无出租车营运牌照、道路运输证的小轿车从事载客业务，违反了有关法律法规规定，作出某交罚决第LH00075××号《某市交通运输委员会行政处罚决定书》，决定对何某罚款人民币三万元整，并于2016年1月5日送达被执行人。由于被执行人不履行该行政处罚决定，2016年8月22日，某市交通运输委员会向某市甲区人民法院申请强制执行某交罚决第LH00075××号《某市交通运输委员会行政处罚决定书》。2016年9月23日，某市甲区人民法院作出（2016）粤030×行审25××号行政裁定书裁定准予强制执行。

为查明本案事实，本院到市公安局交通警察支队车辆管理所依法调取了何某的驾驶证档案、补证档案及车辆行驶证档案。经分析对比发现，2013年5月9日"何某"补办驾驶证时提交的数码照相回执、《机动车驾驶证申请表》等材料，与2015年12月7日交通违法行为发生时，执法人员所登记的机动车行驶、驾驶证件上的照片头像及准驾车型一致，但与申请人何某本人提供的相关证件记录明显不同，也与市公安局交通警察支队车辆管理所保存的何某2013年以前档案材料所记载的不一致。经调查，发现冒用何某身份证件人员为王某。

根据上述调查情况，本院于2020年9月24日向某市公安局丙区分局移送违法犯罪线索。经某市公安局丙区分局立案侦查、检察机关提起公诉等程序后，2021年11月24日，某市丙区人民法院作出（2021）粤030×刑初11××号刑事判决书，被告人王某因犯使用虚假身份证件罪，被判处拘役三个月，缓刑六个月，并处罚金人民币一千元。经法院审理查明：2013年5月9日，被告人王某用自己的照片和被害人何某的姓名、住址、身份证号码等信息，以证件遗失补办的方式向市公安局交通警察支队车辆管理所申请办理了驾驶证，供自己使用。2015年12月7日，王某在某市××区××路因驾驶非营运车辆从事营运活动，被某市交通运输委员会处以罚款人民币三万元，涉案驾驶证被扣缴。2016年1月5日，王某冒用何某的身份签收行政处罚决定书，后未缴纳罚款。2016年8月，某市交通运输委员会向某市甲区人民法院申请强制执行，甲区人民法院以（2016）粤030×行审25××号行政裁定书裁定准予执行。2018年10月29日，某市乙区人民法院作出（2018）粤030×执422××号执行通知书，要求何某履行甲区人民法院（2016）粤030×行审25××号行政裁定书确定的义务并冻结了何某相关银行账户。案发后，被告人王某已赔偿了何某的经济损失并取得其谅解。（2021）粤030×刑初11××号刑事判决现已生效执行。

本院认为，（2016）粤030×行审25××号行政裁定书裁定准予执行某交罚决第LH00075××号《某市交通运输委员会行政处罚决定书》，存在错误。

申请执行人某市交通运输委员会认定何某是实施违法行为的主体，但本案违法行为并非由何某作出，而系交通违法行为事发时、冒用申请人身份信息的案外人王某作出，并通过向执法人员提供伪造的机动车驾驶证、签署"何某"的名字所致。根据最高人民法院《关于适用〈中华人民共和国行政诉讼法〉的解释》第一百六十一条规定："被申请执行的行政行为有下列情形之一的，人民法院应当裁定不准予执行：（一）实施主体不具有行政主体资格的；（二）明显缺乏事实根据的；（三）明显缺乏法律、法规依据的；（四）其他明显违法并损害被执行人合法权益的情形。"因此，某交罚决第LH00075××号《某市交通运输委员会行政处罚决定书》认定违法主体错误，属于事实认定不准确，依法应当不准予执行。

综上所述，（2016）粤030×行审25××号行政裁定书裁定准予执行某交罚决第LH00075××号《某市交通运输委员会行政处罚决定书》，存在错误。为有效维护当事人的合法权益，维护司法公信力，根据《中华人民共和国行政诉讼法》第十一条、《人民检察院行政诉讼监督规则》第五十五条第（四）项、第一百零九条第（八）项、最高人民法院《关于适用〈中华人民共和国行政诉讼法〉的解释》第一百六十一条的规定，特提出如下检察建议：

请对（2016）粤030×行审25××号行政裁定书裁定准予执行某交罚决第LH00075××号《某市交通运输委员会行政处罚决定书》的错误依法予以纠正。

请在收到检察建议后三个月内将处理结果书面回复本院。

此致
某市甲区人民法院

2021年12月6日

附件：检察卷宗1册